HEALTHY *made* SIMPLE

HEALTHY *made* SIMPLE

KÖSTLICHES AUF PFLANZENBASIS

Ella Mills

Aus dem Englischen von
Franka Reinhart und Cornelia Stoll

berlin VERLAG

INHALT

GUT VORBEREITET –

FRÜHSTÜCK UND SNACKS

SCHNELL SERVIERT –

MITTAGESSEN

FRISCH ANGERICHTET –

ABENDESSEN IM ALLTAG

PERFEKT GEPLANT –

ZWEI MAHLZEITEN AUF EINMAL

EINLEITUNG

Als Erstes möchte ich mich bei euch bedanken, dass ihr dieses Buch gekauft habt und Teil unserer Community geworden seid, indem ihr euch für eine gesunde, pflanzenbasierte Ernährung entschieden habt. Da ich weiß, wie enorm viele Quellen es gibt, bei denen ihr euch informieren könntet, freue ich mich besonders, dass ihr dieses Kochbuch als Leitfaden für eine gesunde Lebensweise gewählt habt.

Schon als ich mich an den ersten Entwurf von »Healthy Made Simple – Köstliches auf Pflanzenbasis« machte, war mir klar: Ich möchte zeigen, wie gutes, gesundes Essen zu einem echten Vergnügen wird, und euch die nötigen Werkzeuge an die Hand geben, die ihr für ein gesünderes Leben braucht. Viele farbenfrohe, aromatische und schnelle Rezepte sollen euch motivieren und inspirieren, damit ihr Lust bekommt, euch neue Gewohnheiten anzueignen. Das Buch wird euch helfen, mit wenig Zeitaufwand, wenig Arbeit und wenigen Zutaten gesundes Essen auf den Tisch zu zaubern. Genau diese Leichtigkeit und Einfachheit brauche ich für mein Leben, und ich vermute, ihr braucht sie auch. Ich hoffe, die nächsten Kapitel verhelfen euch zu sinnvollen Veränderungen in eurem Leben, sodass ihr euch in ein paar Monaten schon ganz anders fühlen werdet als heute.

MEINE GESCHICHTE

Bevor wir anfangen, fragt euch a), wie es euch jetzt geht, und b), wie es euch in ein paar Wochen, Monaten oder Jahren gehen soll. Und meine weitere Frage, ob ihr lieber mehr Power haben und weniger arbeiten würdet, statt gestresst, müde und überfordert zu sein, beantwortet ihr sicher alle mit Ja. Und so werden diese schnellen, nahrhaften Rezepte sicher ein Riesenerfolg werden. Denn mit ihrer Hilfe gewinnt ihr Zeit, euch auf andere Dinge konzentrieren, euch sogar ausruhen und auftanken zu können. Es ist mir klar, dass ihr wahrscheinlich zwischen unzähligen Verpflichtungen jonglieren müsst. Mir geht es jedenfalls so. Zwischen einem schnell wachsenden Unternehmen und der Erziehung von zwei kleinen Kindern bleibt mir sehr wenig Zeit. Außerdem habe ich in den vergangenen Jahren festgestellt, dass ich meine Lebensgewohnheiten vereinfachen muss. Und darum dreht sich auch dieses Buch: um kleine Veränderungen und die Entwicklung einfacher neuer Gewohnheiten. Es ist eine Anleitung, wie ihr euer Leben in Zukunft leichter gestalten könnt.

Vor fast genau neun Jahren schrieb ich mein erstes Kochbuch, ein Buch, das nicht nur mein Leben völlig veränderte, sondern auch meine Gesundheit wiederherstellte, die Begegnung mit meinem jetzigen Ehemann (und Geschäftspartner) ermöglichte und danach unser Geschäft ins Rollen brachte. Damals machte ich eine fundamentale Entdeckung, nämlich dass Gemüse gut schmeckt und eine pflanzliche Ernährung köstlich ist, darüber hinaus dass eine gesunde Lebensweise Spaß macht (vorher hielt ich sie eher für eine Strafe) und dass eine (überwiegend) vollwertige Ernährung unser tägliches Wohlbefinden grundlegend zu verändern vermag. Dies erschien vor einem Jahrzehnt noch revolutionär, und so wurde das Buch zu einem Bestseller, denn ich hatte – mehr oder weniger unbeabsichtigt – eine ganz neue Gesundheitsdebatte eröffnet.

Dabei habe ich allerdings auch begriffen, dass so manches unnötig kompliziert gemacht wird. Ich war damals nicht annähernd so gefordert wie heute, aber ich stellte mit jedem Jahr, in dem mein Leben hektischer wurde, fest, dass ich einen Gang zurückschalten musste. Als 2019 meine erste Tochter Skye geboren wurde, ließen meine gesunden Lebensgewohnheiten sehr schnell nach: keine Zeit mehr für die Yoga-Stunde, keine Zeit, Kichererbsen einen Tag lang einzuweichen oder Stunden mit der Zubereitung des Abendessens zu verbringen, geschweige denn lange Einkaufslisten zu schreiben oder nach Nischenzutaten zu fahnden. Das alles könnt ihr sicher gut nachvollziehen. Ich hatte nur noch wenige Minuten Zeit übrig (wenn überhaupt!) und musste lernen, diese klug zu nutzen. Fast vier Jahre brauchte ich, bis ich cleveres Kochen beherrschte – minimale Zutaten, minimaler Aufwand, maximaler Geschmack. Inzwischen habe ich wieder viel Spaß beim Kochen und fühle mich besser als je zuvor. Gesundes Leben und gesunde Ernährung gehören wieder ganz zu meinem Lebensstil, und dafür bin ich sehr dankbar.

Einige von euch kennen bereits meine Geschichte und wissen, warum Pflanzenkost bei mir eine so wichtige Rolle spielt. Eigentlich widerstrebt es mir, meine Geschichte immer wieder zu erzählen. Und so manche treuen, langjährigen Leserinnen und Leser denken vielleicht: »Das weiß ich doch, das hast du uns doch schon gesagt.«

Falls ihr zu jenen gehört, überspringt einfach diesen Teil! Allerdings ist der Grund, warum ich einst »Deliciously Ella« gegründet habe, auch der Grund, warum ich nach wie vor Kochbücher schreibe. Mit vorliegendem Buch, das ich im vergangenen Jahr immer wieder überarbeitet habe, möchte ich euch all meine praktischen Tipps und Tricks an die Hand geben, damit sich niemand mehr jemals so fühlen muss, wie ich mich einstmals gefühlt habe.

Nach meinem zweiten Jahr an der Universität, 2011, ging es mir plötzlich sehr schlecht, und innerhalb weniger Monate verwandelte ich mich von einer normalen zu einer kranken, praktisch ans Bett gefesselten Studentin. In den Monaten darauf musste ich immer wieder ins Krankenhaus und wurde unzählige Male gescannt, untersucht und ärztlich behandelt. Es wurden Darmspiegelungen, Endoskopien, Zystoskopien, MRTs, Ultraschalluntersuchungen und Blutkontrollen durchgeführt. Ich musste eine Kamera schlucken, eigenartige Zuckerlösungen trinken und beim Aufwachen Notizzettel sehen, auf denen stand, dass ich nichts zu mir nehmen dürfe, während ich auf die nächste Spritze und die nächste Untersuchung wartete. Schließlich wurde bei mir das posturale Tachykardiesyndrom (POTS) diagnostiziert sowie einige andere Leiden. Die Erkrankung beeinträchtigte mein autonomes Nervensystem. Meine Herzfrequenz und mein Blutdruck spielten verrückt, das heißt, beim Aufstehen stieg mein Puls auf 150 bis 180 Schläge pro Minute an (normal wären 60 bis 100 Schläge pro Minute), mein Blutdruck fiel ab, und mir war so schwindlig, dass ich mich nicht bewegen konnte. Es war, als wäre mein Kopf nicht mit meinem Körper verbunden. Ich litt unter chronischer Müdigkeit, Benommenheit, Reizdarmsyndrom, saurem Reflux, verschiedenen anderen Verdauungsproblemen, einer Vielzahl von Infektionen, Kopfschmerzen, Schmerzen im ganzen Körper und zunehmenden Depressionen und Angstzuständen. Es handelte sich um eine chronische, eher unsichtbare Krankheit, die dazu führte, dass ich die meiste Zeit des folgenden Jahres im Bett verbrachte. Ich nahm alle möglichen Medikamente zu mir, darunter Steroide, Antibiotika und Antazida (in der Hochphase waren es 25 verschiedene Medikamente pro Tag), von denen keines eine spürbare Veränderung bewirkte.

Ich war damals erst einundzwanzig Jahre alt und konnte mir kaum mehr eine Zukunft vorstellen. Was ich über mich wusste, war alles infrage gestellt, und ich war an einem absoluten Tiefpunkt angelangt. Genau dieser Tiefpunkt jedoch veränderte mein Leben. Ich wusste auf einmal: Ich konnte den Weg, auf dem ich mich befand, nicht weitergehen. Es hieß, entweder aufzugeben oder nach einer Lösung zu suchen. Ich entschied mich für Letzteres und begann zu recherchieren, was mir weiterhelfen könnte. Dies führte mich zur Ernährungswissenschaft und zu den neuesten Erkenntnissen darüber, wie sich unser Lebensstil und unsere Lebensmittelauswahl auf unsere Gesundheit auswirken. Im Mai 2012 änderte ich also von heute auf morgen meine Ernährung und stellte meine westliche Standardkost – viele Fertiggerichte, wenig Obst und Gemüse – auf eine vollwertige, pflanzliche Ernährung um.

Die Frage, ob die Ernährung einen Einfluss auf die Gesundheit hat, wurde vor zwölf Jahren in Großbritannien kaum diskutiert, ich stieß also auf große Skepsis. Folglich gab es dafür auch kaum Angebote, und ich fand keine für mich geeigneten gesunden, leckeren pflanzlichen Rezepte. Also machte ich mich daran, selbst Rezepte zu kreieren, und das war die Geburtsstunde von »Deliciously Ella«. In der Küche meiner Eltern probierte ich immer wieder neue Rezepte aus und kam dabei auf neue Ideen, wie man aus einfachen Lebensmitteln köstliche Gerichte zaubern kann, wobei ich anfangs nicht einmal richtig kochen konnte.

Sowohl das Kochenlernen als auch die Wiederherstellung meiner Gesundheit benötigten eine gewisse Zeit. Anfangs ging es nur sehr langsam voran. Oft schien es mir, als ob ich zwei Schritte zurück und einen vorwärts machen würde, aber ich hielt durch, denn ich wusste, ich hatte wenig zu verlieren. Tatsächlich stabilisierte sich im Laufe der nächsten Monate und Jahre meine Gesundheit, ich kam langsam wieder auf die Beine und nehme nun seit mehr als acht Jahren keine Medikamente mehr. Meine Gesundheit ist für mich nichts Selbstverständliches mehr, sondern das Fundament für ein glückliches Leben. Sie ermöglicht mir, die Person zu sein, die ich sein möchte, und ich wünsche mir, dass es euch ebenso geht. Mein Anliegen, dass es uns allen gut geht, treibt mich an, weitere Rezepte zu entwickeln, Tipps für eine gesunde Lebensweise zu geben und unser Unternehmen weiter auszubauen. Es geht mir darum, eine gesunde Lebensweise leichter zugänglich zu machen, und zwar für jeden und jede, die das möchte, Tag für Tag.

Nicht nur ich habe derartige Veränderungen durchlebt und davon profitiert. In den sozialen Medien lese ich täglich unglaublich beeindruckende und zutiefst inspirierende Geschichten, die immer wieder zeigen, dass einfache Maßnahmen wirklich sinnvolle Veränderungen bewirken können.

EINFACH GESUND KOCHEN

Seit der Gründung von »Deliciously Ella« vor zwölf Jahren führt die pflanzliche oder flexitarische Ernährungsweise kein Nischendasein mehr, sondern ist allmählich zum Mainstream geworden. Mit dem Wachstum der Wellness-Industrie hat sich auch das allgemeine Wissen über Ernährung und ihre Auswirkungen auf unser Wohlbefinden erweitert. Heute besteht Einigkeit darüber, dass eine gesunde Ernährung unser Leben in vielerlei Hinsicht positiv beeinflusst.

Die eigentliche Herausforderung besteht jedoch darin, diese Erkenntnisse auch umzusetzen. Wie oft habt ihr vielleicht schon einen Podcast gehört, einen Artikel gelesen oder eine Dokumentation über gesunde Ernährung gesehen und gedacht: »Ja, das trifft genau auf mich zu. Es würde mir viel besser gehen. Ich muss unbedingt meine Ernährung umstellen«? Doch schon nach wenigen Tagen oder Wochen seid ihr wieder in den alten Trott zurückgefallen? Das geht nicht nur euch so. Wir haben im Januar 2023 gemeinsam mit dem Marktforschungsunternehmen YouGov eine Studie durchgeführt, aus der hervorgeht, dass etwa die Hälfte von uns zum neuen Jahr gute Vorsätze in Bezug auf die Gesundheit fasst, aber nur 6 % der Befragten diese Verhaltensänderungen auch über den Januar hinaus beibehalten. Wenn ihr etwas ändern wollt, aber nicht wisst, wo ihr anfangen sollt, oder eure Gesundheit nicht mehr an erster Stelle steht, dann habt keine Sorge, ich habe das Richtige für euch.

Ich möchte euch aber keine Predigt halten, denn vermutlich wisst ihr schon recht viel über Gemüse und Vollwertkost. Falls nicht, lest einfach mein letztes Buch »How to Go Plant-Based«, darin findet ihr alle Informationen. Trotzdem möchte ich noch mal die Tatsache betonen, dass alles, was wir essen, einen großen Einfluss hat – auf unsere Stimmung, unser Selbstwertgefühl, unsere Darmgesundheit, unser Energieniveau, auf unser Schlafverhalten, unser Immunsystem, unsere Haut, unser Gewicht, unsere Lebenseinstellung, auf unsere Duldsamkeit und unser Krankheitsrisiko. Mit anderen Worten: Wollen wir uns gut fühlen, müssen wir uns gesund, also überwiegend vollwertig und pflanzlich ernähren, wann immer es möglich ist. Beispielsweise an einem Montagabend, wenn wir nichts vorhaben, oder indem wir die Reste vom gesunden Abendessen für ein schnelles Mittagessen zum Mitnehmen am nächsten Tag verwenden.
Es bedeutet nicht, dass man im Urlaub oder mit Freunden sich nicht amüsieren und etwas gönnen darf. Jede und jeder von euch kann sein eigenes ausgewogenes Maß finden. Generell jedoch sollte das meiste, was ihr esst, frisch und vital sein und vor Gesundheit strotzen. Das Verhältnis zwischen gesunder Pflanzenkost und bisher gewohnter Genusskost sollte 70 : 30 oder 80 : 20 betragen.

Oft werde ich gefragt, ob es wirklich möglich sei, sich schon durch kleine Veränderungen besser zu fühlen, wenn man zum Beispiel in nur fünfzehn Minuten ein schnelles, gesundes Abendessen zubereitet. Oder ob es besser sei, keine Kompromisse zu machen, also ob gilt: Alles oder nichts? Zweimal nein! Das ist der größte Irrglaube im Bereich der Gesundheit. Denn kleine, realisierbare Veränderungen führen nachweislich zu dauerhaften Ergebnissen, wohingegen große Veränderungen und Crash-Diäten nachweislich in 90 bis 99 % der Fälle scheitern.

Wie also kann man dieses Verhältnis von 70 : 30 oder 80 : 20 auf Dauer beibehalten und von Crash-Diäten wegkommen? Meiner Erfahrung nach braucht es dafür zwei Dinge: Einfachheit und Geschmack. Gesunde Ernährung muss einfach und zugleich lecker sein. So können wir unser Wohlbefinden steigern, eine echte Liebe zum Kochen entwickeln und uns eine gesunde Lebensweise zu eigen machen, die nicht nur eine Modeerscheinung ist. So bleiben wir nicht nur ein paar Tage, sondern Jahrzehnte dabei. Wir müssen lernen, uns wohlzufühlen, anstatt Schuldgefühle zu haben, Freude zu empfinden statt Verzicht.

Schmeckt das selbst zubereitete Essen richtig köstlich, dann freuen wir uns darauf und betrachten die Mahlzeiten nicht als eine weitere lästige Pflicht, als einen weiteren Punkt auf der To-do-Liste (die wahrscheinlich schon lang genug ist!). Mahlzeiten sollten schnell zubereitet werden können und einfache, leicht zu beschaffende Zutaten enthalten. Vor allem gegen Abend, wenn ihr von der Arbeit, von der Uni oder von der Schule nach Hause eilt. Da bleibt keine Zeit mehr, von Geschäft zu Geschäft zu laufen und ausgefallene Zutaten zu besorgen. Nur wenn der Einkaufszettel kurz und knapp ist, schafft man es, ein gesundes Abendessen auf den Tisch zu bringen.

Unsere täglichen Anforderungen mögen unterschiedlich sein, aber die meisten von uns eint, dass sie viel zu tun haben und sich trotzdem Zeit für Sport, Stressmanagement, gesunde Mahlzeiten, ausreichend Schlaf und Zeit für Freunde nehmen wollen. Das fühlt sich oft nach sehr viel an! Auch mir fällt das alles schwer, aber andererseits geht es mir sofort schlechter, wenn ich meine gesunden Gewohnheiten aufgebe, und sobald ich zu diesen zurückkehre – vor allem, etwas Schnelles und Nahrhaftes zum Essen zuzubereiten –, geht es mir gleich wieder viel besser. Es ist ein Akt der Selbstfürsorge, wenn man sich Zeit für seine Gesundheit nimmt, und zu wissen, dass man sich diese Zeit nimmt, gibt Kraft. Ich erlebe, dass sich diese Kraft über den Tag auf andere gesunde Lebensgewohnheiten überträgt, und plötzlich fühle ich mich wie eine Superfrau!

UND JETZT GEHT'S LOS

Ein paar kleine Tipps und Tricks, einfache Kniffe und Rezepte, die sich im Voraus zubereiten lassen, unterstützen die positiven, gesunden Ernährungsgewohnheiten und machen das Leben ein bisschen leichter. Zum Beispiel: einmal kochen und zweimal davon essen, dann hat man sowohl ein leckeres Abend- als auch ein Mittagessen für den nächsten Tag; ein einfaches Frühstück am Vorabend zubereiten; einen Plan mit schnellen Gerichten für die Lunchbox parat haben und eine Liste mit schnellen Mahlzeiten für die Wochenmitte (mit Zutaten, die man auf dem Heimweg von der Arbeit einkaufen kann) – das alles sind wichtige Faktoren für Veränderungen.

Und genau das beschreibe ich auch in den nächsten vier Kapiteln: wie ihr euch das Leben heute und in Zukunft leichter machen könnt.

Die Rezepte sind für den normalen Alltag gedacht. Sie helfen euch, wenn ihr nach einem langen Arbeitstag nach Hause kommt. Sie sorgen dafür, dass ihr morgens weniger Stress habt und dass ihr Zeit und Geld für euer Mittagessen unter der Woche spart. Es geht nicht um Rezepte mit Michelin-Stern, sondern um Vereinfachung und die Konzentration auf das, was wir für eine wirklich gute Ernährung benötigen (die wir auch umsetzen können!). Ich hätte vielleicht einen zusätzlichen Arbeitsschritt einbauen, eine zusätzliche Pfanne verwenden oder ein Dutzend weiterer Zutaten zu jedem Rezept hinzufügen können, aber ehrlich gesagt, würde das nicht viel mehr bringen und wäre der Mühe auch nicht wert. Denn es handelt sich hier um einen behutsamen Balanceakt zwischen Geschmack und Einfachheit, bei dem nur die wirklich notwendigen Schritte, Arbeitsgeräte und Zutaten zur Anwendung kommen sollen.

Deshalb enthält jedes Rezept fünf einfache Versprechen:

1. Es dauert maximal rund 30 Minuten.
2. Es enthält weniger als zehn Zutaten (ich setze voraus, dass ihr Olivenöl, Gemüsebrühwürfel, Salz und Pfeffer im Haus habt).
3. Es besteht aus nicht mehr als fünf Schritten.
4. Es ist gesund und vielfältig.
5. Es schmeckt köstlich: Ich bin der festen Überzeugung, dass es auf den Geschmack ankommt, sonst macht man ein Rezept einmal und dann nie wieder! Nachhaltigkeit muss auch Spaß machen.

Ihr braucht für die Zubereitung auch keine ausgefallenen Geräte oder technischen Spielereien. Einen einfachen Mixer (80 % der Rezepte lassen sich auch ohne ihn zubereiten, aber er ist für die Textur und die Arbeitsgeschwindigkeit nützlich), eine mittelgroße Bratpfanne und einen mittelgroßen Kochtopf, ein Backblech und natürlich ein Schneidebrett und ein scharfes Messer. Noch ein weiteres Gerät wäre nützlich: ein elektrischer Mini-Zerkleinerer – der spart eine Menge Vorbereitungszeit, bei mir sind das je nach Rezept gut zehn Minuten.

In jedem Kapitel bekommt ihr das nötige Knowhow und Selbstvertrauen, um eure Gesundheit Tag für Tag selbst in die Hand zu nehmen. Meiner Meinung nach kommt es auf Dynamik und Gewohnheitsbildung an. Entscheidet man sich einmal für eine gesunde Mahlzeit, werden die nächsten Schritte gleich ein bisschen einfacher und intuitiver, und ehe man sich's versieht, befindet man sich in einer positiven Aufwärtsspirale. Das Zubereiten von nahrhaftem Essen wird zum Vergnügen, und mit der ganzen zusätzlichen Zeit und Energie, die ihr durch diese Rezepte gewinnt, kommt ihr auch richtig in Schwung.

Hilfreich ist auch eine gute Organisation – das klingt banal, aber dadurch läuft das Kochen zügig und entspannt und macht mehr Spaß. Ich empfehle euch, das jeweilige Rezept vorher ein- oder zweimal ganz durchzulesen, dann

wisst ihr, was wann zu tun ist, und ihr könnt alles vorbereiten. Nehmt euch einen Moment Zeit, um alle benötigten Zutaten und Küchengeräte auf dem Küchentisch bereitzulegen, denn dann müsst ihr nicht ständig zum Kühlschrank und zu den Küchenschränken rennen – das spart Zeit und minimiert den Stress. Und denkt bitte noch an eine extra Schüssel für Schalen und Abfälle, so bleibt die Arbeitsfläche immer sauber, was ebenfalls zu einem Gefühl der Ruhe beiträgt. Ich höre beim Kochen gerne Musik, dann fühlt es sich nicht wie Hausarbeit, sondern eher wie eine ruhige Auszeit an, in der ich mich verwöhnen kann (vor allem, wenn die Kleinen schon im Bett sind!).

Bleibt eigentlich nur noch zu sagen, dass euch die Rezepte hoffentlich gefallen und dass sie euch genauso helfen wie mir.

Alles dreht sich um kleine Veränderungen mit großer Wirkung. Einfache Rezepte für ein gesünderes Leben.

Und jetzt geht's los mit dem Kochen!

Love,
Elle x

MEINE ZWÖLF BESTEN TIPPS FÜR EIN GESÜNDERES LEBEN

1 LANGSAM ANFANGEN

Wir leben in einer Alles-oder-nichts-Kultur, wenn es um die Wahl unserer Lebensmittel geht, obwohl wir wissen, dass Diäten nicht funktionieren (etwa 90 % aller Abnehmwilligen haben nach wenigen Jahren wieder ihr altes Gewicht). Kleine machbare Veränderungen sind auf lange Sicht viel effektiver. Anstatt euch große Ziele zu setzen, denkt lieber über kleine Bausteine nach und verzichtet auf ein Alles-oder-nichts-Denken. Überlegt, welches neue gesunde Rezept ihr diese Woche ausprobieren wollt oder welche einfachen Änderungen ihr vornehmen könnt, um eurem Körper etwas Gutes zu tun.

2 KEINE KOMPLIZIERTEN DINGE MACHEN

Das Kochen von gesundem Essen muss keine Sache von Stunden sein und benötigt auch keine ausgefallenen Zutaten. Eintopf- oder Ofengerichte lassen sich schnell und einfach zubereiten, erfordern wenig Aufwand und wenig Geschick, sind aber sehr sättigend. Lasst euch also nicht von verführerischen Schlagzeilen und zweifelhaften Ratschlägen beeindrucken: Haltet euch an einfache Vollwertkost und esst (meistens) viel Gemüse. Ihr braucht keine ausgefallenen Apparate, Pülverchen oder sonstigen Schnickschnack!

3 AUCH KLEINE VERÄNDERUNGEN ANERKENNEN

Um bei gesunden Angewohnheiten zu bleiben, akzeptiert, dass der Weg zum Wohlergehen nicht immer geradeaus führt. Es gibt Tage, an denen springt ihr aus dem Bett, meditiert, macht euch einen grünen Smoothie, rennt zur Arbeit, kommt wieder nach Hause und bereitet ein leckeres Abendessen zu. An anderen Tagen oder Wochen macht ihr vielleicht nichts davon und bestellt euch lieber eine Pizza. Und das ist auch okay. Perfektion gibt es nicht und auch keine dogmatische Regel, die man befolgen muss. Ganz aufgeben solltet ihr aber nicht, wenn ihr mal nicht für alle Mahlzeiten Zeit habt oder nicht alle Tipps so befolgen könnt, wie ihr gerne würdet. Denn auch kleine Veränderungen summieren sich mit der Zeit. Und es ist weit besser, etwas zu tun, als nichts zu tun.

4 FORTSCHRITTE FEIERN

Manchmal fällt es schwer, etwas zu verändern, wie zum Beispiel früher aufzustehen, sich Zeit für sich selbst zu nehmen oder eine gesunde Mahlzeit zuzubereiten. Wir sind schnell dabei, uns für das zu kritisieren, was wir nicht schaffen. Versucht stattdessen, eure kleinen Fortschritte und das, was ihr tut, zu feiern. Man muss daran glauben, dass man etwas erreichen kann und dass man es wert ist, sich um sich selbst zu kümmern, um die neuen Gewohnheiten auf Dauer beizubehalten.

5 EINEN (UNGEFÄHREN) PLAN ERSTELLEN

Es mag vielleicht schlicht klingen, aber wenn ihr eure Mahlzeiten am Wochenanfang grob plant, könnt ihr genau das einkaufen, was ihr braucht, und spart damit Zeit, Geld und eine Menge Stress. So wird gesundes Essen viel einfacher und besonders genussvoll.

6 EINMAL KOCHEN, ZWEIMAL ESSEN

Das Beste, was ich je für meine Gesundheit getan habe, war, meine Mahlzeiten vorzubereiten. Dadurch wird es viel einfacher, sich dauerhaft gesund zu ernähren. Kocht man von den Hauptmahlzeiten doppelte Mengen und portioniert dann die Reste für später in der Woche, hat man bei Bedarf jederzeit eine schnelle, gesunde Mahlzeit parat. Diese Idee hilft auch, beim Mittagessen unter der Woche Geld zu sparen. Außerdem schmeckt ein solches Mittagessen viel besser als ein Sandwich. Ich koche fast nie mehr nur für eine Mahlzeit. Alles, was ich zubereite, wird ein weiteres Mal aufgepeppt, und sei es nur, dass ich zusätzliche Dressings, Nüsse oder Dips im Kühlschrank habe.

7 AUSGEWOGEN KOMBINIEREN

Komplexe Kohlenhydrate, Eiweiß und gesunde Fette, richtig kombiniert, sorgen für eine optimale Gesundheit. Werden diese drei Lebensmittelgruppen gemeinsam verzehrt, stabilisiert sich der Blutzuckerspiegel, und die Stimmung und das Energieniveau werden verbessert. Ihr kennt bestimmt dieses Nachmittagstief um sechzehn Uhr? Der Mangel an diesen drei Komponenten könnte der Grund dafür sein. Versucht mal, alle drei Gruppen in eure Mahlzeiten zu integrieren, ihr werdet bald feststellen, was das für einen Unterschied macht.

8 DEN MAHLZEITEN EIWEISS HINZUFÜGEN

Eiweiß sättigt, reduziert das Stoffwechselhormon Ghrelin (»Heiß-Hunger-Hormon«) und mindert den Heißhunger, dadurch wird es leichter, eine gesunde Ernährung durchzuhalten. Fügt jeder Mahlzeit Eiweiß hinzu. Ein Avocado-Toast lässt sich beispielsweise im Handumdrehen in eine komplette Mahlzeit verwandeln, wenn man ein paar Kürbis- und Hanfsamen hinzufügt und einen Klecks Tahin darübergibt. Hier sind die sechs besten pflanzlichen Proteinquellen:

- Tofu, Tempeh, Edamame (Sojabohnen) sind eine fantastische Eiweißquelle und enthalten außerdem viele wichtige Vitamine und Mineralstoffe, darunter Kalzium und Eisen.
- Linsen sind reich an Eiweiß und Ballaststoffen, leicht zuzubereiten und äußerst vielseitig.
- Bohnen kann man in einer Vielzahl von Gerichten verwenden und köstliche Dips aus ihnen zubereiten, vom klassischen Hummus über einen rauchigen Paprika-Limabohnen-Aufstrich bis hin zu einer pikanten Variante mit schwarzen Bohnen.
- Erbsen werden oft verkannt, sind aber eine unglaublich gesunde Zutat und so leicht zu verarbeiten. Sie passen zu einer einfachen Pasta mit Pesto, oder man macht einen Erbsen-Minz-Aufstrich daraus, püriert sie und mischt sie zur Abwechslung in einen Guacamole-Dip.
- Quinoa ist schnell zubereitet und eignet sich hervorragend als Ersatz für Reis, wenn man einem Rezept mehr Eiweiß hinzufügen möchte.
- Nüsse (Samen und Nussmus) sind nicht nur reich an Proteinen, sondern enthalten auch viele Ballaststoffe und gesunde Fette, sodass sie hervorragend geeignet sind, unser Energieniveau aufrechtzuerhalten.

9 EINEN REGENBOGEN ZU SICH NEHMEN

Sich gesunde Ernährung bildhaft vorzustellen, ist eigentlich ganz einfach: Wie viele Farben seht ihr auf eurem Teller? Denn je mehr bunte Lebensmittel ihr esst, desto besser. Sie strotzen nur so vor Antioxidantien, Vitaminen und Mineralstoffen, die wichtig für die Gesundheit sind. Besonders gesundheitsfördernd sind leuchtend rote, orangefarbene und violette Gemüsesorten, denn sie liefern viele Polyphenole, die auch die Darmflora unterstützen.

10 DEN DARM ERNÄHREN (UND MEHR BALLASTSTOFFE ESSEN)

Eine optimale Darmgesundheit ist unerlässlich für unsere geistige und körperliche Gesundheit, und diese erreichen wir, wenn wir, wie Studien zeigen, mehr als 30 verschiedene pflanzliche Lebensmittel pro Woche essen. Außerdem wird eine schlechte Darmgesundheit mit einer Vielzahl von chronischen Krankheiten, Fettleibigkeit und Verdauungsproblemen in Verbindung gebracht. Ich weiß, 30 klingt nach sehr viel, aber bedenkt, dass auch Kräuter, Bohnen, Nüsse, Samen und Kerne dazu zählen. Allein bei Erdnussbutter sammelt ihr schon ein paar Pflanzenpunkte ein, und in der Guacamole ist eine ganze Handvoll davon drin (vorausgesetzt, sie enthält auch rote Zwiebeln, Koriander usw.). Mit den vielen pflanzlichen Lebensmitteln nehmt ihr auch mehr Ballaststoffe zu euch. Auch diese sind für ein gesundes Verdauungssystem wichtig und stabilisieren euren Blutzuckerspiegel, was wiederum für gute Laune und ein ausgeglichenes Energieniveau sorgt. Die meisten von uns nehmen nur etwa 60 % der benötigten Ballaststoffe zu sich. Wenn ihr also mehr Pflanzen in euren Speiseplan aufnehmt, könnt ihr diesen Wert deutlich steigern.

Drei einfache Möglichkeiten, die Ballaststoffaufnahme zu erhöhen:

- Mehr komplexe Kohlenhydrate essen – zum Beispiel stärkehaltiges Gemüse, Bohnen und Vollkornprodukte.
- Bei jeder Mahlzeit Pflanzen zu sich nehmen. Ballaststoffe kommen nur in Pflanzen vor, also braucht ihr viel davon – Obst, Gemüse, Bohnen und Hülsenfrüchte.
- Greift zu Nüssen und Samen: Sie lassen sich leicht in den Tagesablauf einbauen, sind lecker und enthalten viele Ballaststoffe.

11 SPASS BEIM EXPERIMENTIEREN HABEN

Letztlich muss alles Spaß machen, was langfristig Bestand haben soll, also freut euch auf eure Wellness-Gewohnheiten. Ihr müsst nichts machen, was jemand in den sozialen Medien vormacht, und ihr müsst auch nicht einem bestimmten Ansatz folgen. Lasst euch von den unterschiedlichsten Menschen anregen und macht dann das, was für euch am besten funktioniert. Ihr allein wisst, was euch besonders anspricht. Denkt daran, dass eine gesunde, pflanzenreiche Ernährung etwas fürs Leben ist, nicht nur für den Januar. Die positiven Auswirkungen werden durch unser tägliches Verhalten erzielt, nicht durch eine einzelne Mahlzeit. Also fangt am besten klein an, denkt langfristig und habt Spaß daran, mit neuen Geschmacksrichtungen, Farben und Texturen zu experimentieren. Vergesst das Vorurteil, pflanzliche Lebensmittel seien langweilig. Werdet kreativ!

12 NICHT LÄNGER WARTEN

Zögert Änderungen nicht hinaus, nur weil ihr sie heute nicht alle umsetzen könnt. Wartet nicht länger auf den »perfekten Zeitpunkt«, sagt nicht »Wenn ich abgenommen habe, werde ich X oder Y tun« oder »Wenn ich dieses Projekt abgeschlossen habe, werde ich mir mehr Zeit für mich nehmen« oder »Nächste Woche werde ich ein gesundes Essen zubereiten«, denn einen perfekten Zeitpunkt wird es nie geben. Der beste Ausspruch, den ich seit Langem gehört habe, lautet: »Die beste Zeit, einen Baum zu pflanzen, war vor 20 Jahren, die zweitbeste Zeit ist jetzt.« Wartet nicht länger damit, euch um euch selbst zu kümmern – fangt heute damit an, fangt mit einer kleinen Veränderung an und beobachtet, wie eure gesunden Gewohnheiten immer mehr werden und wie eure Gesundheit immer besser wird!

EIN PAAR EINFACHE KOCHTIPPS

Bevor ihr mit dem Kochen loslegt, möchte ich euch noch ein paar Tricks aus meiner Küche mit auf den Weg geben. Sie sollen euch die Umsetzung der Rezepte erleichtern.

1. Lest euch ein Rezept zuerst immer ganz durch, bevor ihr mit dem Kochen beginnt, damit ihr genau wisst, was ihr braucht und wie die Zubereitung abläuft.

2. Nehmt euch genügend Zeit, um alle Zutaten und Gerätschaften zusammenzutragen und auf der Arbeitsfläche bereitzustellen, damit ihr nicht ständig Sachen aus dem Schrank oder Kühlschrank holen müsst. Auf diese Weise spart ihr Zeit und habt weniger Stress.

3. Stellt neben das Schneidebrett eine Schüssel für die Gemüseabfälle. Dadurch könnt ihr euch häufige Wege zum Mülleimer sparen, und in eurer Küche geht es entspannter und aufgeräumter zu.

4. Zu meinem Equipment gehören ein Mixer (Nutribullet), ein Mini-Zerkleinerer (Ninja Professional Chopper, der mir eine Menge Vorbereitungszeit erspart) sowie ein Dämpfeinsatz, ein mittelgroßer Topf, eine mittelgroße Bratpfanne und mehrere Backbleche.

5. Ich gehe davon aus, dass ihr Olivenöl, Gemüsebrühe, Salz und Pfeffer ohnehin im Haus habt. Darüber hinaus umfassen alle Rezepte jeweils maximal zehn Zutaten.

6. Für die Gemüsebrühe habe ich meist eine bestimmte Menge angegeben, wofür ihr Brühwürfel, Instantpulver oder selbst gemachte Brühe verwenden könnt. Je nachdem, was ihr bevorzugt.

7. Beim Salz verwende ich am liebsten flockiges Meersalz und habe immer eine Dose Maldon-Meersalzflocken auf meinem Küchentresen stehen.

8. Die Rezepte für Frühstück, einfache Snacks sowie schnelle Gerichte für Mittag- und Abendessen sind allesamt für zwei Personen ausgelegt. Im Kapitel »Perfekt geplant – zwei Mahlzeiten auf einmal« (ab Seite 140) beziehen sich alle Rezepte auf vier Personen, sodass ihr sie für eine Mahlzeit zubereiten und die Reste an einem anderen Tag genießen könnt. Alle Gerichte aus diesem letzten Kapitel lassen sich auch hervorragend aufbewahren. Ihr könnt daher die zweite Portion in den Kühlschrank stellen und ein paar Tage später aufwärmen oder auch einfrieren, falls ihr noch nicht wisst, wann ihr sie braucht.

KAPITEL 1

GUT VORBEREITET – FRÜHSTÜCK UND SNACKS

Dieses Kapitel bietet euch eine Auswahl an köstlichen Rezepten, die euch mit Energie versorgen, sättigen und den Start in einen arbeitsreichen Tag erleichtern. Da der Morgen den Ton für den Tag setzt, sollte das Frühstück unkompliziert und gesund sein und in Ruhe genossen werden. Schon ein paar wenige Minuten Vorbereitung am Abend zuvor können euer Leben verändern.

JAR
WITH COIN TO

Für 2 Personen
Morgens fertig in 5 Minuten

Dieses nahrhafte Frühstück bekommen meine Lieben fast jeden Tag, es lässt sich ohne großen Aufwand zubereiten. Würde ich den Porridge erst morgens kochen, könnte ich niemals so viele verschiedene Zutaten verwenden – das würde in einer Situation, in der die Zeit sowieso knapp ist, einfach zu viel Unordnung machen. Ihr könnt die Haferflocken entweder zu Hause schnell erwärmen oder mit in die Arbeit nehmen und in der Mikrowelle aufwärmen. Supergesund und ohne Stress!

PORRIDGE ABENDS VORBEREITEN

WALNUSS-APFEL-PORRIDGE

100g kernige Haferflocken
500ml Hafer- oder Mandeldrink, plus etwas zum Anrichten
1 roter Apfel, gerieben
50g Walnusskerne, geröstet, grob gehackt
50g Rosinen
1 EL Mandel- oder Erdnussbutter
½ TL Zimt, gemahlen
1 TL Ahornsirup (optional)
1 EL Hanfsamen, geschält (optional)

SCHOKO-PORRIDGE MIT ORANGE

100g kernige Haferflocken
500ml Hafer- oder Mandeldrink, plus etwas zum Anrichten
1 Bio-Orange (Saft und abgeriebene Schale)
1 EL Kakaopulver
1 EL Mandelbutter
1 Prise Meersalz
4 EL Leinsamen, gemahlen
50g Haselnüsse, geröstet, grob gehackt
1 TL Ahornsirup (optional)
1 EL Hanfsamen (optional)

HEIDELBEER-BANANEN-PORRIDGE

100g kernige Haferflocken
500ml Hafer- oder Mandeldrink, plus etwas zum Anrichten
150g TK-Heidelbeeren
1 reife Banane, püriert
1 EL Erdnussbutter, crunchy oder cremig
1 EL Chiasamen
TL Ahornsirup (optional)
1 EL Hanfsamen (optional)

1. Alle Zutaten in einer großen Schüssel oder in einem Glas zusammenrühren, gut abdecken und über Nacht in den Kühlschrank stellen.

2. Am nächsten Morgen den Porridge entweder kalt genießen oder aufwärmen: In der Mikrowelle 1 bis 2 Minuten lang auf höchster Stufe erhitzen, dann gründlich umrühren und bei Bedarf noch etwas hinzufügen. Oder den Porridge in einen Topf geben und bei mittlerer Hitze langsam zum Kochen bringen (etwa 3 Minuten). Bei Bedarf noch etwas Hafer- oder Mandeldrink hinzufügen.

Für 2 Personen
Morgens fertig in 5 Minuten

Natürlich wissen wir alle, wie man Smoothies macht, doch habe ich eine Vorbereitungsmethode entdeckt, die mein Leben veränderte. Verbringt man an einem Sonntagabend nur fünf Minuten damit, die Smoothie-Zutaten zu zerkleinern und in Gefrierbeuteln in den Kühlschrank zu legen, kann man morgens einfach den Inhalt eines Beutels mit etwas Sojadrink im Mixer pürieren. So schnell und so einfach – und niemals mehr ein stressiger Morgen und eine unaufgeräumte Küche.

ENERGIE-SMOOTHIES ABENDS VORBEREITEN

BEEREN-HAFER-SMOOTHIE

250 g TK-Beeren
1 reife Banane
1 TL Zimt, gemahlen
2 EL Chiasamen
2 EL Erdnussbutter
50 g Haferflocken
500 ml Soja- oder Haferdrink

MANGO-KURKUMA-SMOOTHIE

1 reife Mango
5 g Minzblätter
1 Bio-Limette (Saft und abgeriebene Schale)
1 reife Banane
2 EL Hanfsamen
½ TL Kurkuma, gemahlen
500 ml Kokosmilch (Tetrapak oder Dose)

SPINAT-INGWER-SMOOTHIE

1 reife Banane
1 grüner Apfel, entkernt
100 g Spinat
2 EL Mandelmus
2 Stangen Staudensellerie
2 cm Ingwerwurzel, geschält
2 EL Kürbiskerne
2 EL Haferflocken
500 ml Sojadrink

1. Sämtliches Obst und Gemüse je nach Bedarf putzen, schälen und in Stücke schneiden. Mit den restlichen Zutaten außer dem Sojadrink, dem Haferdrink oder der Kokosmilch in einen Gefrierbeutel oder in eine Frischhaltebox geben und über Nacht in den Kühlschrank stellen.

2. Am nächsten Morgen die Zutaten aus dem Kühlschrank direkt in den Hochleistungsmixer geben, Soja- oder Haferdrink oder Kokosmilch hinzufügen und zu einem Smoothie pürieren.

Für 2 Personen
Morgens fertig in 5 Minuten

Am Morgen möchte ich in der Küche kein großes Durcheinander oder schmutziges Geschirr hinterlassen, wenn ich meine Kinder versorge und pünktlich aus dem Haus gehe. Deshalb bereite ich auch die Aufstriche für den Frühstückstoast am liebsten schon am Vorabend zu. Die Toasts liefern eine Extraportion Eiweiß und Ballaststoffe, sind nahrhaft und lecker und erlauben es mir, sie morgens in aller Ruhe zu genießen.

TOASTS ABENDS VORBEREITEN

BOHNEN-GEMÜSE-TOAST MIT AVOCADO

400g Limabohnen (Dose), abgegossen, gespült
1 große reife Avocado, entkernt, geschält
100g Grünkohl oder Spinat
1 EL Olivenöl
1 Bio-Zitrone (Saft und abgeriebene Schale)

ZUM ANRICHTEN
2 Scheiben Sauerteigtoast
Kürbiskerne, Basilikumpesto, Sesamsamen oder Dukkah-Gewürz (alles optional)

1. In einer Rührschüssel die Limabohnen, die Avocado und eine Prise Salz mit dem Gabelrücken oder einem Kartoffelstampfer grob zerdrücken. Ein bisschen Textur ist prima, es muss also nicht ganz glatt werden.

2. Das Blattgemüse waschen und fein schneiden (oder in der Küchenmaschine schnell zerkleinern), dann zu den Limabohnen geben. Olivenöl, Zitronensaft und Zitronenschale unterrühren und mit Salz und Pfeffer abschmecken. In einem Glas oder in einer Frischhaltebox im Kühlschrank aufbewahren.

3. Am nächsten Morgen die Mischung auf den heißen Toast streichen und nach Belieben mit einem Topping anrichten.

ERBSEN-LIMETTEN-TOAST MIT TAHIN

250g TK-Erbsen, aufgetaut
½ Knoblauchzehe, geschält, grob gehackt
1–2 Limetten (Saft)
400g Cannellini-Bohnen (Dose), abgegossen, gespült
2 TL Tahin
1 EL Olivenöl
Meersalz und schwarzer Pfeffer

ZUM ANRICHTEN
2 Scheiben Sauerteigtoast

1. Alle Zutaten in einen Mixer geben und grob pürieren. Eine gewisse Textur ist prima, also nicht ganz glatt pürieren. Mit Salz und Pfeffer abschmecken. In ein Glas oder in eine Frischhaltebox füllen und im Kühlschrank aufbewahren.

2. Am nächsten Morgen die Erbsenpaste einfach auf den heißen Toast streichen.

CHAMPIGNON-MISO-TOAST MIT TOFU

1 EL Olivenöl
300 g Champignons (z. B. braune Champignons oder Waldpilze), in Scheiben geschnitten
3 Knoblauchzehen, geschält, in dünne Scheiben geschnitten
150 g Seidentofu
1 EL Vollkornreis-Misopaste
1 TL Ahornsirup
½ Limette (Saft)
1 Prise Cayennepfeffer
Meersalz und schwarzer Pfeffer

ZUM ANRICHTEN
2 Scheiben Sauerteigtoast
1 Handvoll Schnittlauchröllchen

1. In einer großen Pfanne das Olivenöl bei mittlerer bis hoher Hitze erwärmen. Die Pilze und den Knoblauch darin unter häufigem Rühren etwa 10 Minuten andünsten, bis sie goldgelb sind.

2. Dann die Pilze in der Küchenmaschine mit Tofu, Misopaste, Ahornsirup, Limettensaft und Cayennepfeffer zu einer glatten Masse verarbeiten. Mit Salz und Pfeffer abschmecken. In einem Glas oder in einer Frischhaltebox im Kühlschrank aufbewahren.

3. Am nächsten Morgen die Champignon-Creme auf die heißen Toastbrotscheiben streichen und nach Belieben mit Schnittlauch bestreuen.

TIPP
Die Toastaufstriche lassen sich in einem luftdichten Behälter bis zu 5 Tage im Kühlschrank aufbewahren.

Ergibt 8–12 Stück
Fertig in 40 Minuten

Hier findet ihr ein schnelles, herzhaftes Rezept für kernige Muffins, die sich nicht nur hervorragend als Snacks für unterwegs eignen, sondern auch als köstliche Frühstücksvariante. Der Muffinteig lässt sich in fünf Minuten zubereiten, und in 30 Minuten sind sie gebacken. Sie schmecken prima pur oder in der Mitte durchgeschnitten und mit Avocadopüree oder Hummus bestrichen.

KERNIGE SPINAT-PESTO-MUFFINS

- 100 g Spinat
- 25 g Basilikum
- 100 g Kichererbsenmehl
- 100 g Haferflocken, plus etwas zum Bestreuen
- 3 EL Basilikumpesto
- 150 ml Haferdrink
- 100 ml Olivenöl
- 1 ½ TL Backpulver
- 1 ½ EL Leinsamen, gemahlen
- 2 EL Kürbiskerne, plus etwas zum Bestreuen
- 2 EL Sonnenblumenkerne, plus etwas zum Bestreuen
- Meersalzflocken zum Abschmecken

1. Den Backofen auf 180 °C (Umluft) vorheizen und 12 Silikonförmchen in eine Muffinform setzen (siehe Tipp).

2. Spinat und Basilikum in einer Küchenmaschine etwa 5 Sekunden lang zerkleinern (aber nicht pürieren). In einer großen Rührschüssel das Gemüse mit den restlichen Zutaten und einer Prise Salz zu einem dickflüssigen Teig verrühren.

3. Die Muffinförmchen etwa zu drei Vierteln mit Teig befüllen. Haferflocken, Kürbiskerne, Sonnenblumenkerne und Meersalzflocken darüberstreuen und die Muffins 30 Minuten lang backen. Garprobe machen: Mit einem Holzstäbchen in einen Muffin stechen – wenn beim Hausziehen kein Teig mehr daran klebt, ist der Muffin fertig. Die Muffins erst auf einem Gitterrost abkühlen lassen, dann genießen.

TIPP
Verwendet am besten Silikonförmchen, darin kleben die Muffins nicht so leicht fest.

Ergibt 12 Stück
Fertig in 20 Minuten

Ich bin eine echte Naschkatze, doch ich habe weder die Energie noch das Verlangen, unter der Woche eine große Portion Kekse zu backen. Also habe ich eine neue Vorbereitungsmethode entwickelt. Ich bereite schon am Wochenende den Teig zu, verbrauche die Hälfte davon und friere den Rest ein. Wenn ich dann plötzlich Lust auf etwas Süßes habe, schiebe ich einfach eine gefrorene Teigkugel in den Ofen und genieße nach 10 Minuten einen warmen Schoko-Chip-Cooky.

SCHOKO-CHIP-COOKIES (GEFROSTET)

2 EL Leinsamen, gemahlen
100 g Haferflocken
100 g Kokosblütenzucker
200 g Erdnussbutter, crunchy
4 EL Sojadrink
½ TL Vanillepaste oder -extrakt
100 g dunkle Schokolade, grob gehackt
Meersalzflocken

1. In einer kleinen Schüssel die Leinsamen mit 50 ml Wasser vermengen und mindestens 10 Minuten lang quellen lassen. Sie dienen als Bindemittel.

2. Die Haferflocken in der Küchenmaschine kurz zerkleinern, aber nicht zu Pulver vermixen. In eine große Schüssel geben und den Kokosblütenzucker und die Erdnussbutter hinzufügen. Die Zutaten gleichmäßig miteinander vermengen. Am besten mit den Händen, indem man die Zutaten zwischen den Fingerspitzen verreibt, bis sie sich wie feuchter Sand anfühlen.

3. Dann den Sojadrink, die Vanille, die Schokolade und die eingeweichten Leinsamen hinzufügen und alles gut miteinander verrühren.

4. Ihr könnt die Cookies entweder sofort backen oder den Teig für später einfrieren. Dafür eine Frischhaltebox mit Backpapier auslegen. Mit einem Teelöffel Cookie-Teig in die Box setzen, wobei der Teig mit dem Finger vom Löffel gestrichen wird.

5. Wenn ihr die Cookies sofort backen wollt, den Backofen auf 180 °C (Umluft) vorheizen. Dann die Cookies auf ein flaches Backblech oder eine Backmatte setzen. Die Backzeit beträgt 10 bis 12 Minuten, dann sind die Ränder knusprig und die Mitte schön weich. Auf dem Blech die Cookies etwas abkühlen lassen, dann auf einen Gitterrost setzen und vollständig auskühlen lassen.
Mit einer Prise Meersalzflocken bestreuen.

Ergibt 9 Stück
Fertig in 30 Minuten

Ein paar einfache köstliche Backrezepte zu kennen, ist sehr praktisch und hilfreich. Ich möchte immer etwas Süßes vorrätig haben, daher wähle ich sonntags oft eines der Rezepte aus diesem Kapitel aus. Dann kann ich meiner Familie immer gesunde Leckereien anbieten.

HAFER-MÖHREN-HAPPEN

- 150 ml Olivenöl, plus etwas zum Einfetten
- 150 g Kokosblütenzucker
- 1 Bio-Orange (abgeriebene Schale)
- 125 g Möhren, geschält, grob geraspelt
- 1 TL Zimt, gemahlen (oder Gewürzmischung)
- 75 g Rosinen
- 75 g Mehl
- 1 Prise Meersalz
- 275 g Haferflocken

1. Den Backofen auf 180 °C (Umluft) vorheizen und eine 20 × 20 cm große Kuchenform mit Öl einfetten oder mit Backpapier auslegen.

2. In einem Topf Olivenöl, Zucker und Orangenschale zum Köcheln bringen – keine Sorge, wenn es etwas spritzt. Nun die Möhren unterrühren, dann Zimt, Rosinen, Mehl und Salz hinzufügen und alles richtig schön einarbeiten. Dann die Haferflocken unterrühren.

3. Den Teig in die ausgekleidete Form geben und mit einem Löffelrücken gleichmäßig verstreichen und festdrücken.

4. Die Masse 25 Minuten lang goldbraun backen. In der Form vollständig abkühlen lassen, dann herausheben und in 9 Quadrate schneiden.

»Ihr wundert euch vielleicht über die Zugabe von normalem Mehl, aber es ist ein fantastisches Bindemittel, das dafür sorgt, dass die Happen nicht bröselig werden. Aber auch mit Reismehl funktioniert das Rezept sehr gut, wenn ihr eine glutenfreie Variante wollt.«

Ergibt 12 Stück
Fertig in 30 Minuten

Diese Müsliriegel voll von geriebenem Apfel, Zimt, Leinsamen, getrockneten Aprikosen sowie Nüssen und Samen sind wirklich supergesund und nahrhaft. Dazu sind sie noch unglaublich einfach zu machen – in rund 5 Minuten könnt ihr sie vorbereiten.

MÜSLIRIEGEL MIT MANDELMUS

100 ml Olivenöl, plus etwas zum Einfetten
100 ml Ahornsirup
100 g Mandelmus, cremig
225 g Haferflocken
50 g Mandeln, gehackt
50 g Kürbiskerne
75 g Trockenfrüchte, grob gehackt (z. B. Aprikosen und Cranberrys)
1 EL Leinsamen, gemahlen
1 grüner Apfel, gerieben
1 TL Zimt, gemahlen
Meersalz

1. Den Backofen auf 180 °C (Umluft) vorheizen. Eine 20 × 20 cm große Kuchenform mit Backpapier auslegen.

2. In einem Topf das Olivenöl, den Ahornsirup und das Mandelmus bei mittlerer Hitze erwärmen und 2 bis 3 Minuten rühren, bis das Mandelmus flüssig geworden ist.

3. Den Topf vom Herd nehmen und Haferflocken, Mandeln, Kürbiskerne, Trockenfrüchte, Leinsamen, geriebenen Apfel, Zimt und eine Prise Salz hinzufügen und alles gut vermischen.

4. Die Mischung in die Kuchenform geben, auch die Ecken gut damit ausfüllen und mit einem Löffelrücken glatt streichen. Die Masse 25 Minuten goldbraun backen, dann in der Form vollständig auskühlen lassen, herausheben und anschließend in 12 Riegel schneiden.

Ergibt 9 Stück
Fertig in 30 Minuten

Ein bekömmliches, leckeres und sättigendes Highlight sind diese schokoladigen Hafer-Schnitten! Wenn ihr auf Süßes steht, dann backt sie euch am Wochenende und nehmt euch dann eine Schnitte unter der Woche zur Arbeit mit – als idealen Nachmittagssnack!

SCHOKO-HAFER-SCHNITTEN

- 125 ml Olivenöl, plus etwas zum Einfetten
- 125 g Kokosblütenzucker
- 3 EL Ahornsirup
- 2 EL Kakaopulver
- 350 g Haferflocken
- 100 g dunkle Schokolade, fein gehackt
- 50 g Haselnüsse, blanchiert, geröstet, fein gehackt
- Meersalz

1. Den Backofen auf 180 °C (Umluft) vorheizen. Eine 20 × 20 cm große Kuchenform mit Backpapier auslegen.

2. In einem Topf das Olivenöl mit Zucker, Ahornsirup, Kakaopulver und etwa 4 EL Wasser zum Köcheln bringen. Keine Sorge, falls es ein wenig spritzt. Die Haferflocken, drei Viertel der Schokolade und die Hälfte der Haselnüsse sowie eine Prise Salz dazugeben und umrühren, bis alles gut durchmischt ist. Die Masse in die ausgekleidete Form geben und mit einem Löffelrücken glatt streichen.

3. Die restliche Schokolade und die restlichen Haselnüsse sowie eine Prise Salz darüberstreuen. Die Masse 20 Minuten lang goldbraun backen. In der Form vollständig auskühlen lassen, dann herausheben und in 9 Quadrate schneiden.

KAPITEL 2

SCHNELL SERVIERT –
MITTAGESSEN

Auch wenn nur wenig Zeit bleibt, sollte gesundes Essen immer schmackhaft sein. Jedes Mal, wenn ich Mittagsgerichte zubereite, denke ich an das wichtige Zehn-Minuten-Prinzip: Obwohl man nicht immer Lust hat, sich die Mühe zu machen und etwas zu kochen, kann man doch feststellen, wie gewinnbringend es ist, Gerichte zu kochen, die zu mehr Wohlbefinden und zu mehr Energie verhelfen. In diesem Kapitel lernt ihr farbenfrohe, schnelle Rezepte kennen, die dafür sorgen, dass ihr dem Nachmittagstief Adieu sagen könnt!

Für 2 Personen
Fertig in 10 Minuten

Der Kontrast zwischen den süßen, knackigen Walnüssen und dem pikanten Zitronendressing verleiht diesem einfachen Gericht eine besondere Note. Ihr braucht höchstens 10 Minuten für diesen Salat und nur eine kleine Pfanne: einfach ideal für ein Mittagessen unter der Woche. Außerdem liefern Walnüsse, Grünkohl, Kichererbsen und Avocado eine Menge gesunder Fette, Proteine und komplexer Kohlenhydrate.

GRÜNKOHL-KICHERERBSEN-SALAT MIT WALNÜSSEN

½ EL Olivenöl
400 g Kichererbsen (Dose), abgegossen, gespült
75 g Walnusskerne, grob gehackt (so groß wie die Kichererbsen)
¼ TL Cayennepfeffer
2 TL Ahornsirup
100 g Grünkohl, Stiele entfernt, grob geschnitten
1 Avocado, in Scheiben geschnitten
1 Chilischote, rot, fein gehackt
Meersalz und schwarzer Pfeffer
1 Bio-Zitrone, in Spalten geschnitten, zum Anrichten

FÜR DAS DRESSING
1 Bio-Zitrone (Saft und abgeriebene Schale)
1 Knoblauchzehe, geschält, gerieben oder zerdrückt
1 EL Ahornsirup
2 EL Olivenöl

1. In einer großen Pfanne das Olivenöl bei starker Hitze erwärmen. Die Kichererbsen und die Walnusskerne darin 3 Minuten lang rösten, dabei gelegentlich umrühren, bis sie eine goldene Farbe annehmen.

2. Cayennepfeffer und Ahornsirup hinzufügen und unter Rühren weitere 3 Minuten dünsten, bis die Walnüsse und Kichererbsen vollständig mit der klebrigen Mischung überzogen sind.

3. Inzwischen für das Dressing in einer kleinen Schüssel Zitronenschale und -saft mit Knoblauch, Ahornsirup, Olivenöl und einer großen Prise Salz verquirlen. Dann den gewaschenen Grünkohl in mundgerechte Stücke zupfen und in einer Schüssel mit drei Vierteln des Dressings vermischen. Am besten macht man dies mit den Händen, damit der Grünkohl schön weich und zart wird.

4. Zum Schluss die gerösteten Kichererbsen und Walnüsse auf den Grünkohl streuen und die Avocadoscheiben daneben anrichten. Danach den Salat mit dem restlichen Dressing beträufeln und mit Chilistückchen und Zitronenspalten garniert servieren.

»Wenn ihr Gemüse aufbrauchen wollt,
verdoppelt einfach die Rezeptmenge.
Der Salat bleibt im Kühlschrank
etwa fünf Tage lang frisch.«

Für 2 Personen
Fertig in 15 Minuten

Das Harissa-Erdnuss-Dressing für diesen Salat gehört zu meinen Lieblingsdressings, das ihr unbedingt mal probieren solltet. Es kann ganz einfache Zutaten im Nu in echte Geschmacksbomben verwandeln. Gurke und Koriander verleihen dem Salat eine Frische, die durch die kräftige Soße hervorragend ausbalanciert wird, während der Tofu für einen hohen Eiweißgehalt sorgt.

ROTKOHL-TOFU-BOWL MIT ERDNUSSDRESSING

FÜR DAS HARISSA-ERDNUSS-DRESSING

1–2 Bio-Limetten (Saft und abgeriebene Schale)
1 Knoblauchzehe, geschält, gerieben oder zerdrückt
1 EL Harissapaste
2 EL Sojasauce
2 EL Erdnussbutter, cremig oder crunchy
4 EL Olivenöl
Meersalz und schwarzer Pfeffer

FÜR TOFU UND SALAT

½ EL Olivenöl
300 g fester Tofu (Block), gewürfelt (2 cm)
½ kleiner Rotkohl, fein geschnitten
½ kleine Gurke, in Stäbchen geschnitten
25 g Koriander, grob gehackt, plus etwas zum Anrichten
2 Möhren, geschält, geraspelt

1. In einer Schüssel sämtliche Zutaten für das Dressing verquirlen. Zuerst nur von einer Limette Saft und Schale hinzufügen, später nach Belieben noch mehr verwenden, wenn es spritziger werden soll. Mit Salz und Pfeffer abschmecken.

2. In einer großen Pfanne das Öl stark erhitzen und den Tofu darin etwa 5 Minuten lang knusprig braten. Dann die Hälfte des Dressings hinzugeben und weitere 3 Minuten braten, bis der Tofu mit einer klebrigen Soße überzogen ist.

3. Inzwischen für den Rotkohlsalat den Kohl, die Gurke, den Koriander und die Möhren in einer Schüssel mit dem restlichen Dressing vermischen.

4. Den Salat auf Teller verteilen, den Tofu darauf anrichten, mit Koriander und Limettenschale bestreut servieren.

TIPP

Mit zwei Portionen Vollkornreis oder in einen Wrap gefüllt könnt ihr das Gericht noch herzhafter machen.

Für 2 Personen
Fertig in 15 Minuten

Diese Guacamole ist teils knusprig, teils cremig, daher liebe ich sie ganz besonders, und bisher ist sie bei allen, die sie probiert haben, immer sehr gut angekommen. Falls euch das Dressing zu pikant sein sollte, könnt ihr die Chilischote auch einfach weglassen oder halbieren, um die Schärfe abzumildern. Marinierte Zwiebeln machen den Salat schön würzig – Tomaten, Kopfsalat und Koriander sorgen für die nötige Frische.

BOHNENSALAT MIT PIKANTER GUACAMOLE

2 Limetten (Saft)
1 rote Zwiebel, geschält, in dünne Ringe geschnitten
400 g schwarze Bohnen (Dose), abgegossen, gespült
25 g Koriander, grob gehackt
100 g Kirschtomaten, geviertelt
100 g Romana-Salatherzen, fein geschnitten
½ Avocado, in Scheiben geschnitten
½ rote Chilischote, in feine Scheiben geschnitten
100 g Tortilla-Chips, leicht gesalzen
Meersalz und schwarzer Pfeffer

FÜR DAS AVOCADO-DRESSING
½ Avocado, grob zerkleinert
2 kleine oder 1 große Knoblauchzehe, geschält, grob zerkleinert
½ rote Chilischote, entkernt, klein geschnitten
3 EL Olivenöl

1. In eine kleine Schüssel den Limettensaft und die fein geschnittenen Zwiebelringe geben, mit einer Prise Salz würzen und umrühren. Für 6 bis 8 Minuten zur Seite stellen, gelegentlich umrühren, damit die Zwiebeln gleichmäßig mariniert werden.

2. Inzwischen die schwarzen Bohnen, die Hälfte des Korianders, die Tomaten, den Salat und die Avocado in einer Schüssel vorsichtig vermischen.

3. Sobald die Zwiebelringe schön rosa geworden sind, aus der Marinade nehmen und in die Salatschüssel geben. Die restliche Marinade darübergießen.

4. Für das Dressing Avocado, Knoblauch, Chili, restlichen Koriander mit Olivenöl und 3 EL Wasser im Mixer zu einem glatten Dressing pürieren. Falls nötig, noch etwas Wasser oder Öl hinzufügen. Mit Salz und Pfeffer abschmecken, über den Salat gießen und alles gut durchmischen.

5. Die Tortilla-Chips als Beilage zum Salat servieren.

TIPP
Ihr könnt das Dressing zum Mitnehmen separat in einem kleinen Glas aufbewahren und beim Mittagessen dann alles miteinander vermengen.

Für 2 Personen
Fertig in 15 Minuten

Für dieses reichhaltige Mittagessen, das auch meine Kleinen immer sehr gern mögen, braucht man etwa 30 Minuten. Die Dauer hängt davon ab, wie schnell man das Gemüse zerkleinert. Ich komme auf ziemlich genau 15 Minuten, aber es kann natürlich auch die eine oder andere Minute mehr sein.

WARMER AUBERGINEN-ORZO-SALAT MIT BASILIKUM

- 150 g Orzo-Nudeln
- 2 EL Olivenöl, plus etwas zum Anrichten
- 1 rote Paprika, fein gewürfelt (ca. 1 cm)
- 1 Aubergine, fein gewürfelt (ca. 1 cm)
- 1 Zucchini, in dünne Halbmonde geschnitten
- 2 Knoblauchzehen, geschält, gerieben oder zerdrückt
- 2 EL Ahornsirup
- 3 EL Balsamico-Essig
- 1 Bio-Zitrone (Saft und abgeriebene Schale), plus etwas Schale zum Anrichten
- 2 EL Kapern
- 25 g Basilikum, fein gehackt, plus ein paar Blätter zum Anrichten
- Meersalz und schwarzer Pfeffer

1. Die Orzo-Nudeln nach Packungsanweisung kochen, abgießen und dabei eine Tasse Kochflüssigkeit aufbewahren, dann beiseitestellen.

2. Inzwischen in einer großen Pfanne das Öl bei mittlerer Hitze erwärmen. Paprika- und Auberginenwürfel sowie Zucchinischeiben mit etwas Salz und Pfeffer darin 10 Minuten lang weich dünsten. Den Knoblauch erst in den letzten 30 Sekunden mitdünsten, bis er zu duften beginnt.

3. Ahornsirup, Balsamico-Essig, Zitrone und Kapern zusammen mit 4 EL der Nudelkochflüssigkeit in die Pfanne geben und 2 Minuten köcheln lassen, bis eine leicht glänzende Soße entsteht. Die gekochten Orzo-Nudeln dazugeben und gut unterrühren, dann das Basilikum unterheben. Nach Belieben mit Salz und Pfeffer abschmecken.

4. Den Salat in Schalen anrichten, etwas Olivenöl darüberträufeln und Basilikumblätter und Zitronenschale darübergeben.

»Das Gemüse sollte schön klein geschnitten sein, damit es auch durchgegart ist.«

Für 2 Personen
Fertig in 15 Minuten

Dieser nahrhafte Salat ist ein wunderbares Gericht, das einem bei jedem Bissen das Gefühl gibt, dass man sich etwas Gutes tut. Die Zubereitung ist noch dazu supereinfach und geht schnell. Nach meinem Timer sind es höchstens 15 Minuten, also ungefähr so lang wie die Kochzeit von Quinoa.

EDAMAME-QUINOA-SALAT MIT SPINAT

100g Quinoa
100g TK-Edamame
50g Spinat, zerkleinert
4 EL Kürbiskerne
½ Salatgurke, gewürfelt
Meersalz und schwarzer Pfeffer
1 Bio-Zitrone (abgeriebene Schale zum Anrichten, optional)

FÜR DAS DRESSING
25g Koriander oder glatte Petersilie
50g Spinat
2 EL Tahin
2 EL Ahornsirup
½–1 Zitrone (Saft, je nach Geschmack)
4 EL Olivenöl

1. Die Quinoa nach Packungsanweisung in Salzwasser kochen, dabei die Edamame in den letzten 2 Minuten mitkochen. Abgießen und zum Abkühlen beiseitestellen.

2. Währenddessen für das Dressing alle Zutaten plus 2 EL Wasser in einen Mixer geben und zu einer glatten Soße pürieren; bei Bedarf noch etwas Wasser oder Olivenöl hinzufügen.

3. Gekochte Quinoa, Edamame, Spinat, Kürbiskerne und Gurke in einer Schüssel mit dem Dressing vermischen. Zum Anrichten nach Belieben ein wenig Zitronenschale darüberreiben.

TIPP
Dieses Gericht lässt sich sehr gut mitnehmen. Einfach die Quinoa abkühlen lassen, dann den Salat wie beschrieben zubereiten und in einen luftdichten Behälter füllen.

»Wer keinen Mixer hat, kann das Dressing dennoch machen. Dazu einfach den ganzen Spinat zum Salat geben, dann Koriander oder Petersilie fein hacken und zusammen mit den restlichen Dressingzutaten (ohne Spinat) in einem Schüsselchen verquirlen.«

»Um Ingwer schnell und einfach zu schälen, könnt ihr die Rückseite eines Teelöffels verwenden – das funktioniert ganz fabelhaft!«

Für 2 Personen
Fertig in 10 Minuten

Der Salat bekommt durch das üppige Teriyaki-Dressing erst den richtigen Pep, denn für mich ist das Dressing ein wesentlicher Bestandteil einer guten Mahlzeit. Falls ihr aber den Salat etwas weniger kräftig gewürzt mögt, könnt ihr auch erst mit der halben Dressing-Menge beginnen und den Rest dann langsam hinzufügen.

MISO-BOHNEN-SALAT MIT INGWER

FÜR DAS TERIYAKI-DRESSING
5 cm Ingwer, geschält, gerieben
3 EL Reisweinessig
2 EL Ahornsirup
1 ½ EL Vollkornreis-Misopaste
3 EL Olivenöl
1 rote Chilischote, fein gehackt

FÜR DEN SALAT
400 g schwarze Bohnen (Dose), abgegossen, gespült
100 g TK-Edamame
2 Möhren, geschält, in dünne Stäbchen geschnitten (oder geraspelt)
½ Salatgurke, in dünne Stifte geschnitten
1 rote Paprika, in dünne Streifen geschnitten
1 rote Chilischote, in dünne Scheiben geschnitten

1. Zuerst für das Dressing Ingwer, Essig, Ahornsirup, Miso, Olivenöl und Chilis in einer kleinen Schüssel verquirlen.

2. Dann in einer Pfanne die schwarzen Bohnen und die Edamame bei starker Hitze mit der Hälfte des Dressings 3 bis 4 Minuten andünsten, bis die Bohnen weich sind und sich eine klebrige Soße gebildet hat. 1 bis 2 Minuten abkühlen lassen.

3. Möhren, Gurken, Paprika mit der Bohnenmischung nebeneinander auf einem Teller anrichten. Das restliche Dressing darüberträufeln und mit Chilischeiben bestreuen.

TIPP
Wenn ihr keine Zeit zum Kochen habt, nehmt einfach die abgegossenen Bohnen direkt aus der Dose und übergießt die TK-Edamame in einer Schüssel 2 Minuten lang mit kochendem Wasser und gebt sie dann durch ein Sieb.

Für 2 Personen
Fertig in 15 Minuten

Diese klassische Bohnen-Variante auf Toast ist extracremig und schmeckt wunderbar pikant. In wenigen Minuten lässt sich das sättigende Gericht zubereiten, und in noch weniger Minuten ist es gegessen – also perfekt für hungrige Homeoffice-Tage (oder als schnelles Abendessen nach einem langen Tag).

CREMIGE TAHIN-BOHNEN AUF TOAST

1 EL Olivenöl, plus etwas zum Abschmecken
400 g Limabohnen (Dose), abgegossen, gespült
2 große Knoblauchzehen, geschält (1 zerdrückt oder gerieben, 1 ganz)
2 dicke Scheiben Sauerteigbrot
1 Handvoll Salatblätter
Meersalz und schwarzer Pfeffer

FÜR DIE SOSSE
1 EL Tahin
1 Bio-Zitrone (Saft und abgeriebene Schale, plus etwas zum Anrichten)
1 gehäufter TL Dijon-Senf
3 EL Kapern (1 EL ganz, 2 EL sehr fein gehackt)
2 EL Nährhefe
2 EL Olivenöl
1–2 TL Ahornsirup

TIPP
Für ein raffiniertes Abendessen könnt ihr die Bohnen auch in einer gebackenen Süßkartoffel mit einem Salat servieren, der mit Zitronenschale und einer Handvoll Schnittlauch garniert wird.

1. In einer mittelgroßen Pfanne das Olivenöl auf mittlerer Hitze erwärmen. Dann die Limabohnen mit einer Prise Salz 5 Minuten darin andünsten, dabei ab und zu umrühren.

2. Währenddessen alle Zutaten für die Soße mit 5 EL Wasser in einer kleinen Schüssel verquirlen. Bitte achtet darauf, die Kapern sehr fein zu hacken, damit sie sich mit der Soße gut verbinden.

3. Den zerdrückten Knoblauch etwa 30 Sekunden vor Ablauf der 5 Minuten zu den Bohnen in die Pfanne geben und mitdünsten, bis er duftet, dann drei Viertel der Soße in die Pfanne geben und gut umrühren. Alles etwa 1 Minute lang weiterköcheln lassen, bis die Soße leicht reduziert ist und die Bohnen schön glänzend umhüllt sind. Unterdessen die Brotscheiben toasten.

4. Etwas Olivenöl auf das Toastbrot träufeln und mit der ganzen Knoblauchzehe einreiben. In einer Schüssel die Salatblätter mit dem restlichen Dressing vermischen.

5. Die heißen Bohnen auf das Toastbrot geben, mit Öl beträufeln und mit viel Salz, Pfeffer und Zitronenschale verfeinern. Am besten sofort servieren (sonst schmeckt es nicht annähernd so lecker).

»Statt Tahin könnt ihr auch pflanzliche (oder normale) Mayonnaise nehmen. Auch Joygurt (griechischer Joghurt) eignet sich gut dafür.«

»Achtet darauf, dass die Zwiebel wirklich fein gehackt ist, sonst ist sie nicht in 5 Minuten gar und das Gericht schmeckt nach roher Zwiebel. Mit einem kleinen elektrischen Zerkleinerer lässt sich hier viel Zeit sparen.«

Für 2 Personen
Fertig in 15 Minuten

Hier kommt ein köstliches Mittagessen, das etwa 20g pflanzliches Eiweiß pro Portion enthält und das sich in wenigen Minuten zubereiten lässt. Serviert auf Sauerteigbrot und mit Avocado ergibt sich eine wunderbar ausgewogene Mahlzeit, die jede Menge nachhaltiger Energie liefert.

HARISSA-RÜHRTOFU AUF TOAST

- ½ EL Olivenöl
- 1 kleine rote Zwiebel, geschält, fein gehackt
- 2 Knoblauchzehen, geschält, zerdrückt
- 1 EL Harissapaste
- 1 Prise Kurkuma, gemahlen (optional)
- 1 TL Ahornsirup
- 300g Seidentofu oder fester Tofu, abgetropft (siehe Tipp)
- 50g Spinat, fein gehackt
- Meersalz

ZUM ANRICHTEN

- 2 dicke Scheiben Sauerteigbrot
- 1 reife Avocado, in feine Scheiben geschnitten
- Bio-Zitronenspalten

1. In einer großen Pfanne das Olivenöl bei mittlerer Hitze erwärmen. Die Zwiebel und den Knoblauch mit einer Prise Salz darin 5 Minuten lang weich dünsten.

2. Harissapaste, Kurkuma und Ahornsirup hinzufügen und verrühren. Den Tofu mit den Händen zerbröseln und unterrühren.

3. Das Gemisch weitere 5 Minuten garen, bis der Tofu heiß ist, dabei ab und zu umrühren. In der letzten halben Minute den Spinat hinzugeben, er soll nur leicht zusammenfallen, damit es noch einen Unterschied in der Textur gibt. Inzwischen das Brot toasten.

4. Die Avocadoscheiben und den Rührtofu gleichmäßig auf die Toastscheiben schichten und mit einer Zitronenspalte garniert servieren.

TIPP

Für dieses Gericht könnt ihr beide Tofusorten verwenden. Der Seidentofu ist etwas weicher und hat ein samtigeres Finish, während der festere Tofu etwas stückiger ist und herzhafter schmeckt.

Für 2 Personen
Fertig in 15 Minuten

Jedes Tofu-Gurken-Sandwich enthält etwa 20g Eiweiß. Kein Wunder also, dass es euch für den ganzen Nachmittag satt machen und Energie liefern kann. Der frische und spritzige Joghurt samt Chili verleiht einen schönen Pep, der knusprige und sättigende Tofu zusammen mit der süß-würzig eingelegten Gurke verwandelt dieses Gericht in ein fantastisches Mittagessen, das sich bei meiner Familie zu einem Hit entwickelt hat.

TOFU-GURKEN-SANDWICH MIT KRÄUTERJOGHURT

2 EL Apfelessig
1 TL Ahornsirup
½ Gurke, geschält, in Streifen geschnitten
1 Bio-Zitrone (abgeriebene Schale)
Meersalzflocken
1 EL Olivenöl, plus etwas zum Beträufeln
300g fester Tofu (Block), längs in 4 Scheiben geschnitten
2–4 Scheiben Sauerteigbrot (je nachdem, ob ihr das Brot belegen oder zusammenklappen wollt)
1 rote Chilischote, fein gehackt

FÜR DEN KRÄUTER-JOGHURT
2 EL Olivenöl
1 Handvoll Koriander, grob gehackt, plus ein paar Blätter zum Garnieren
5 EL Kokos Natur (Joghurt-Alternative)
1 Zitrone (Saft)

1. Für die süß-würzige Gurke in einer mittelgroßen Schüssel Apfelessig, Ahornsirup und eine große Prise Meersalz vermischen, dann die Gurkenstreifen darin marinieren und 10 Minuten ruhen lassen. Danach die Scheiben herausheben.

2. Währenddessen in einer großen Pfanne das Olivenöl bei starker Hitze erwärmen. Den Tofu hineingeben und 3 Minuten lang erst auf der einen Seite goldbraun braten, dann auf der anderen Seite.

3. Für den Kräuterjoghurt in einer Schüssel Olivenöl, gehackten Koriander, Joghurt, Zitronensaft und Gurkenmarinade zu einer cremigen Masse verrühren. Nach Geschmack würzen.

4. Für Sandwiches 2 Scheiben Sauerteigbrot mit der Joghurtmischung bestreichen und auf jede Scheibe zwei Tofuscheiben und ein paar Gurkenscheiben legen. Etwas Chili und restliche Korianderblätter darüberstreuen und die anderen Brotscheiben darauflegen. Den restlichen Kräuterjoghurt als Beilage servieren. Für Toasts einfach die getoasteten Brotscheiben ebenfalls mit dem Kräuterjoghurt bestreichen, mit Tofu und Gurken belegen und mit Chili und Koriander bestreut servieren.

Für 2 Personen
Fertig in 10 Minuten

Wer könnte dieses Gericht nicht mögen! Hier kommt eine Guacamole mit zusätzlichen Eiweißlieferanten, die eine gehaltvolle und vollwertige Mahlzeit ergibt. Sie besteht aus nur sechs Zutaten, die Zubereitung dauert nur fünf Minuten, und sie ist einfach köstlich.

KICHERERBSEN-GUACAMOLE-SANDWICH

- 1 reife Avocado, geschält, entsteint
- 400 g Kichererbsen (Dose), abgegossen, gespült
- 2 EL Olivenöl, plus etwas zum Beträufeln
- 5–10 g Koriander, fein gehackt, plus etwas zum Anrichten
- 1 kleine rote Zwiebel, geschält, fein gehackt
- 2 Limetten (Saft)
- 2–4 Scheiben Sauerteigbrot (je nachdem, ob das Sandwich zusammengeklappt wird oder nicht)
- Meersalz und schwarzer Pfeffer
- Salatblätter (optional)
- Gurkenscheiben (optional)

1. In einer Schüssel die Avocado mit der Rückseite einer Gabel zu einer glatten Masse zerdrücken. Die Kichererbsen dazugeben und in der Avocado grob zerdrücken, sie dürfen noch etwas stückig bleiben. Olivenöl, Koriander, rote Zwiebeln und Limettensaft unterrühren und abschmecken.

2. Die Brotscheiben toasten und mit etwas Öl beträufeln, dann nach Belieben die Salatblätter und die Gurkenscheiben darauflegen und die Kichererbsen-Guacamole darauf verteilen.

TIPP
Die Kichererbsen-Guacamole eignet sich auch hervorragend als Füllung für Ofenkartoffeln, wenn man ein schnelles Abendessen unter der Woche zaubern will.

Für 2 Personen
Fertig in 20 Minuten

Dieses Gericht ist ein absoluter Renner, denn es bietet einfach alles: Es ist gleichermaßen pikant, cremig, knusprig, würzig und so sättigend! Ich habe es in das Mittagessen-Kapitel aufgenommen, weil es eine so schnelle, energiereiche Mahlzeit ist, aber ich kann es euch auch als Abendessen sehr empfehlen.

KNUSPRIGER KARTOFFEL-TOFU-SALAT

200 g Babykartoffeln, geviertelt
1 EL Olivenöl, plus etwas zum Schwenken der Kartoffeln
150 g fester Tofu (Block), in Stücke geschnitten (2 cm)
150 g Weißkohl oder Chinakohl, Strunk entfernt, Blätter zerkleinert
1 Möhre, geraspelt
25 g Koriander, fein gehackt, plus etwas zum Anrichten
2 rote Chilischoten, fein gehackt, plus etwas zum Anrichten
Meersalz und schwarzer Pfeffer

FÜR DIE SOSSE
4½ EL Erdnussbutter
2 TL Ahornsirup
6 EL Kokos Natur (Joghurt-Alternative)
2 Bio-Limetten (Saft und abgeriebene Schale)

1. Die Kartöffelchen in einen Topf mit kochendem Wasser und einer Prise Salz geben und mit aufgesetztem Deckel 15 Minuten kochen. Durch ein Sieb abgießen und 5 Minuten abdampfen lassen, dann in etwas Olivenöl und Salz schwenken.

2. Inzwischen in einer Pfanne das Öl bei starker Hitze erwärmen, die Tofustücke darin 10 Minuten lang unter gelegentlichem Wenden braten, bis sie auf beiden Seiten goldgelb und knusprig sind. Aus der Pfanne nehmen und abkühlen lassen.

3. Für die Soße in einer Schüssel alle Zutaten mit 2 EL Wasser verquirlen und nach Belieben abschmecken.

4. Tofu, Kartoffeln, Kohl, Möhren und Koriander auf zwei Schüsseln verteilen, etwas Chili darüberstreuen und die Soße über den Salat gießen.

»Wer keine Rote Bete mag, kann auch gegrillten Brokkoli oder Blumenkohl nehmen. Das schmeckt genauso lecker, ist aber nicht so farbenfroh.«

Für 2 Personen
Fertig in 15 Minuten

Nicht jeder von euch ist vielleicht ein Rote-Bete-Fan, aber glaubt mir, diesen cremigen, saftigen und sättigenden Salat müsst ihr unbedingt mal probieren. Ich nenne das Gericht zwar Salat, aber es ist viel mehr, nämlich ein rundum perfektes Mittagessen mit dem Harissa-Joghurt, den Kräutern, der Roten Bete, den würzigen Linsen und dem gerösteten Pitabrot!

ROTE-BETE-LINSEN-SALAT MIT HARISSA-JOGHURT

1 EL Olivenöl
½ TL Kreuzkümmel, ganz
2 Knoblauchzehen, geschält, in feine Scheiben geschnitten
125 g Rote Bete, vorgekocht, in dünne Spalten geschnitten
400 g Puy-Linsen (Dose), abgegossen, gespült (oder 250 g vorgekochte Puy-Linsen)
10–15 g Bund Koriander, fein gehackt, plus etwas zum Anrichten
10–15 g Dill, fein gehackt, plus etwas zum Anrichten (optional)
1 Bio-Zitrone (Saft und abgeriebene Schale)
100 g Kokos Natur (Joghurt-Alternative)
1 EL Harissapaste
Meersalz und schwarzer Pfeffer
Pitabrot, getoastet, zum Anrichten

1. In einer Pfanne das Olivenöl bei mittlerer Hitze erwärmen. Dann Kreuzkümmel, Knoblauch und gekochte Rote Bete hinzufügen und 3 bis 4 Minuten darin anbraten, sodass die Rote Bete innen noch zart ist, aber außen knusprig wird und das Öl köstlich duftet. In eine Schüssel geben und beiseitestellen.

2. In derselben Pfanne Puy-Linsen, Koriander und Dill mit Zitronenschale (ein wenig zum Anrichten zurückbehalten) und Zitronensaft erwärmen und nach Belieben abschmecken.

3. Den Kokosjoghurt auf Tellern verteilen und mit der Harissapaste verrühren. Erst die Linsenmischung, dann die Rote Bete darübergeben, mit dem Knoblauch-Kreuzkümmel-Öl aus der Pfanne beträufeln und mit den Kräutern und der restlichen Zitronenschale geschmacklich abrunden. Mit dem Pitabrot lässt sich der Harissa-Joghurt wunderbar auftunken.

Für 2 Personen
Fertig in 15 Minuten

Dieser Salat ist der Inbegriff von »Healthy Made Simple« – ist schnell fertig, sieht schön aus, schmeckt köstlich und ist unglaublich gesund. Besonders attraktiv wird das Gericht durch seine unterschiedlichen Texturen: zarte Salatblätter, feiner Schnittlauch und weiche Avocado in einem einfachen Senf-Zitronen-Dressing, darüber dann eine knusprige Mischung aus Kichererbsen, Körnern und Sauerteigbrot.

KOPFSALAT MIT KNUSPER-KICHERERBSEN

FÜR DAS KNUSPER-TOPPING
- 400 g Kichererbsen (Dose), abgegossen, gespült
- 1 Handvoll Sonnenblumenkerne (ca. 25 g)
- 1 Handvoll Kürbiskerne (ca. 25 g)
- 2 Scheiben Sauerteigbrot (ca. 75 g), mit Kruste, in mundgerechte Stücke zerteilt
- 1 EL Olivenöl
- Meersalz

FÜR DAS DRESSING
- 1 Bio-Zitrone (Saft und abgeriebene Schale)
- 10–15 g Schnittlauch, fein geschnitten
- 4 EL Olivenöl
- ½ TL Dijon-Senf
- Meersalzflocken

FÜR DEN SALAT
- 150 g Kopfsalat oder anderer Blattsalat, gewaschen
- 10–15 g Schnittlauch, fein geschnitten
- 1 reife Avocado, in dünne Scheiben geschnitten

1. Den Backofen auf 200 °C (Umluft) vorheizen.

2. Für das Knusper-Topping die Kichererbsen, die Sonnenblumenkerne, die Kürbiskerne und die Brotstücke auf einem großen Backblech verteilen. Das Öl darüberträufeln, mit Meersalz bestreuen und 10 bis 15 Minuten goldgelb backen, nach der Hälfte der Zeit wenden. Vollständig auskühlen lassen.

3. Inzwischen für das Dressing alle Zutaten in einer Schüssel mit dem Schneebesen verrühren. Nach Geschmack würzen.

4. Salatblätter, Schnittlauch und Avocado in eine Schüssel geben und mit der Hälfte des Dressings beträufeln. Das Knusper-Topping darüberstreuen und mit dem restlichen Dressing abrunden.

»Dieser Salat eignet sich hervorragend als Beilage, wenn ihr zum Beispiel für viele Gäste kocht, vor allem im Sommer. Besonders gut passt er zu leckeren Dips, Getreidegerichten oder Veggie-Burgern.«

Für 2 Personen
Fertig in 20 Minuten

Normalerweise bin ich kein großer Fan von Obst in herzhaften Speisen, aber bei dieser Salsa aus Ananas und Mango mit Chili, Minze und Granatapfel mache ich gern eine Ausnahme. Sie strotzt nur so vor Farbe und Geschmack und rundet diese Feel-Good-Bowl perfekt ab.

MANGO-MINZE-BOWL MIT CHILI

100 g Quinoa
3 EL Olivenöl, plus etwas für die Salsa
150 g Tofu, in kleine Würfel geschnitten (optional)
250 g Mango, geschält, fein gewürfelt
500 g Ananas, geschält, fein gewürfelt
1 rote Chilischote, fein gehackt
25 g Minze, Blätter abgezupft, fein gehackt
50 g Granatapfelkerne
½ kleine Salatgurke, fein gewürfelt
Meersalz und schwarzer Pfeffer

1. Die Quinoa nach Packungsanweisung in Salzwasser kochen, abgießen, auf einen Teller geben und abkühlen lassen.

2. Inzwischen in einer Pfanne 1 EL Olivenöl erhitzen, den Tofu darin 5 bis 8 Minuten rundherum goldbraun anbraten. Aus der Pfanne nehmen und abkühlen lassen.

3. Für die Salsa Mango- und Ananaswürfel mit Chili, Minze und Granatapfelkernen in eine Schüssel geben und mit einer Prise Salz und den restlichen 2 EL Olivenöl vermischen.

4. Die Quinoa in einer Bowl anrichten, die Gurkenstücke, die Tofuwürfel und die Salsa dazu anrichten. Nach Geschmack würzen.

»Der Tofu dient hier als Eiweißquelle, aber auch Linsen können alternativ zum Einsatz kommen. Vor dem Essen einfach eine Dose abgegossene grüne Linsen unter die gekochte Quinoa heben. Wird vorgekochte Quinoa verwendet, lässt sich das Gericht ganz ohne Kochen zubereiten!«

Für 2 Personen
Fertig in 15 Minuten

Diese Reisrollen voller frischer Kräuter und gesunder Gemüse sind köstlich leicht, sehr schmackhaft und sorgen schnell für gute Laune. Ich habe Mandelmus zum Dippen verwendet, aber auch jedes andere cremige Nussmus oder Tahin (dann ist es nussfrei) passt hervorragend dazu.

KRÄUTER-GEMÜSE-REISROLLEN

- 50 g Reisnudeln
- 1 TL Olivenöl
- 10–15 g Koriander, fein gehackt
- 10–15 g glatte Petersilie, fein gehackt
- 1 kleine rote Paprika, in feine Streifen geschnitten
- 1 Möhre, gerieben oder in dünne Stifte geschnitten
- ½ kleine Salatgurke, in dünne Stifte geschnitten
- 1 Limette (Saft)
- 1 EL Tamari oder Sojasauce
- 4 Blätter Reispapier

FÜR DEN DIP

- 3 EL Mandelmus
- 1 Bio-Limette (Saft und abgeriebene Schale)
- 1 EL Tamari oder Sojasauce

1. Die Nudeln nach Packungsanleitung kochen. Gut abtropfen lassen und unter fließendem kalten Wasser abspülen, dann in einer Schüssel mit dem Olivenöl vermengen. Währenddessen Mandelmus, Limettensaft und -schale sowie Tamari für den Dip mit dem Schneebesen in einer kleinen Schüssel verrühren.

2. In einer weiteren Schüssel Koriander, Petersilie, Paprika, Möhre, Gurke, Limettensaft und Tamari vermengen und abschmecken.

3. Für die Rollen eine breite, flache Schüssel mit kaltem Wasser füllen. Sie muss so breit sein, dass die Reispapierblätter darin eingetaucht werden können. Ein Reispapier in das Wasser tauchen und einweichen, bis es formbar ist (oder nach Packungsanleitung). Auf einer sauberen Arbeitsfläche auslegen und ein Viertel der Reisnudeln in die Mitte des Reispapiers setzen, dann einen Teil des gemischten Gemüses auf den Nudeln verteilen, dabei rundum einen kleinen Rand frei lassen.

4. Die Seiten des Reispapiers wie bei einem Burrito einklappen, dabei zuerst die beiden Seiten, dann die Enden um die Füllung wickeln. Auf diese Weise drei weitere Rollen herstellen und mit der Dip-Soße servieren.

»Für eine nussfreie Variante nehmt ihr statt der Cashewkerne einfach Sonnenblumenkerne, das schmeckt genauso gut.«

Für 2 Personen
Fertig in 15 Minuten

Dieses Pastagericht liebt meine ganze Familie, daher bereite ich es häufig zu. Außerdem geht es besonders schnell und enthält neben viel Gemüse auch eine beachtliche Menge an pflanzlichem Eiweiß, sodass man fast 20g pro Portion zu sich nimmt. Ob als Mittagessen zu Hause oder als schnelles Abendessen unter der Woche – ihr werdet von dieser warmen und sättigenden Mahlzeit begeistert sein.

LIEBLINGSPASTA MIT KRÄUTERSOSSE

150g Nudeln (z. B. Vollkornnudeln)
100g TK-Erbsen
100g TK-Edamame
50g Babyspinat, grob gehackt
Meersalz und schwarzer Pfeffer

FÜR DIE KRÄUTERSOSSE
50g Cashewkerne
75ml Haferdrink
1 EL Olivenöl
½ TL Dijon- oder Vollkornsenf
1 Bio-Zitrone (Saft und abgeriebene Schale)
10–15g Koriander, fein gehackt, plus etwas zum Anrichten
10–15g Dill, Basilikum oder Petersilie, fein gehackt, plus etwas zum Anrichten
25g Babyspinat
Meersalz und schwarzer Pfeffer

1. Die Nudeln in einem Topf mit kochendem Wasser und einer Prise Salz nach Packungsanweisung kochen. In den letzten 1 bis 2 Minuten die gefrorenen Erbsen, Edamame und den frischen Spinat hinzugeben, sodass die Gemüse weich werden und der Spinat zusammenfällt. Durch ein Sieb abgießen und etwas abkühlen lassen, dann alles wieder in den Topf zurückgeben.

2. Während die Nudeln kochen, alle Zutaten für die Soße mit einer großzügigen Prise Salz und Pfeffer in einem Mixer glatt pürieren. Bei Bedarf noch einen Schuss Haferdrink oder Olivenöl hinzufügen, um die gewünschte Konsistenz zu erreichen, dann mit Salz und Pfeffer abschmecken.

3. Die Soße über die Nudeln gießen und gut untermischen. Je nach Jahreszeit und Vorliebe kann dieses Gericht warm oder kalt gegessen werden. Abschmecken und mit einem zusätzlichen Tropfen Öl und den restlichen Kräutern anrichten.

Für 2 Personen
Fertig in 20 Minuten

Regenbogen-Bowls gehören zu meinen Lieblingsgerichten, denn die Mischung aus Reis, eingelegten Zwiebeln, Chilis und Frühlingszwiebeln hat es mir besonders angetan. Die Miso-Pilze geben dieser Bowl einen köstlich intensiven Geschmack. Wer jedoch Pilze nicht so gern mag, kann sie einfach durch fein gewürfelte Auberginen ersetzen.

REGENBOGEN-BOWL MIT MISO-PILZEN

1 rote Zwiebel, geschält, in dünne Ringe geschnitten
2 Limetten (Saft), plus ein paar Bio-Limettenspalten zum Anrichten
100 g weißer Jasminreis
200 g Champignons, in feine Scheiben geschnitten
1 EL Olivenöl
½ TL Vollkornreis-Misopaste
100 g TK-Edamame
5–6 Frühlingszwiebeln, fein gehackt
2 EL Sesamsamen
1 rote Chilischote, in dünne Ringe geschnitten
Meersalz

FÜR DAS DRESSING
2 EL Olivenöl
1 TL Vollkornreis-Misopaste
1 rote Chilischote, entkernt, fein gehackt

1. Zunächst die roten Zwiebelringe und den Limettensaft zusammen mit einer Prise Salz in eine Schüssel geben und für mindestens 10 Minuten oder bis zur Verwendung beiseitestellen.

2. Inzwischen den Jasminreis nach Packungsanweisung kochen und die Edamame in den letzten 1 bis 2 Minuten dazugeben, damit sie durchgaren, aber noch Biss haben, dann durch ein Sieb abgießen und zum Abkühlen beiseitestellen.

3. Jetzt die Pilze in eine Schüssel geben, Olivenöl und Misopaste hinzufügen und gründlich mit den Pilzen vermischen, sodass sie gut mit der Mischung überzogen sind. Die Pilze in einer großen Bratpfanne bei mittlerer Hitze 4 bis 5 Minuten braten, bis sie goldgelb und weich sind. Vom Herd nehmen und abkühlen lassen.

4. Für das Dressing Olivenöl, Misopaste und Chilis zusammen mit der Einlegeflüssigkeit der Zwiebeln in einer Schüssel verquirlen. Abschmecken und beiseitestellen.

5. Reis und Edamame mit der Hälfte des Dressings vermischen und auf 2 Bowls verteilen. Dann Pilze, Frühlingszwiebeln und eingelegte Zwiebeln auf den Reis geben, mit Chilis und Sesam bestreuen und mit dem restlichen Dressing übergießen. Zuletzt mit Limettenspalten garniert servieren.

Für 2 Personen
Fertig in 15 Minuten

Wenn ihr ein sättigendes und gesundes Essen zum Mitnehmen sucht, dann probiert mal diesen Nudel-Tomaten-Salat. Er ist eine schnelle, unkomplizierte Mahlzeit, die sich sehr gut in einer Lunchbox macht. Und wenn ihr die Menge verdoppelt, dann habt ihr die ganze Woche über eine Grundlage für euer Unterwegs-Mittagessen.

NUDEL-TOMATEN-SALAT MIT OLIVEN

150 g Farfalle-Nudeln
150 g fester Tofu, klein gewürfelt
1 kleine Gurke, längs halbiert, entkernt, gewürfelt
180 g getrocknete Tomaten in Öl (Glas), abgegossen, klein gehackt
100 g Kirschtomaten, halbiert
1 kleine rote Zwiebel, geschält, fein gewürfelt
25 g Basilikum, fein gehackt, plus ein paar Blätter zum Anrichten
50 g schwarze Oliven
Meersalz und schwarzer Pfeffer

FÜR DAS DRESSING
1 Bio-Zitrone (Saft und abgeriebene Schale)
3 EL Öl aus dem Glas der getrockneten Tomaten
2 TL Ahornsirup

1. Die Nudeln in einem Topf mit Salzwasser nach Packungsanweisung kochen. Den Tofu in einem Dampfeinsatz auf den Topf setzen und dämpfen, während die Nudeln garen.

2. Sobald die Nudeln al dente sind, durch ein Sieb abgießen und mit kaltem Wasser abschrecken. Den Tofu zum Abkühlen beiseitestellen.

3. In einer kleinen Schüssel Zitronensaft und -schale mit Öl aus dem Tomatenglas und Ahornsirup verquirlen und das Dressing nach Geschmack würzen.

4. Die abgekühlten Nudeln und den Tofu mit den Gurken, den getrockneten Tomaten, den Kirschtomaten, den roten Zwiebeln, dem Großteil des gehackten Basilikums, den Oliven mit dem Dressing in einer Salatschüssel vermischen. Mit einigen Basilikumblättchen garniert servieren.

Für 2 Personen
Fertig in 15 Minuten

Wenn ich im Homeoffice arbeite, bereite ich mir sehr gern diese perfekte Mahlzeit für eine nachhaltige Energiezufuhr zu. Man braucht dafür nur eine Pfanne, etwa 10 Minuten (maximal 15 Minuten) Zeit, und schon hat man einen Teller voll leuchtender Farben, verschiedener Texturen und feiner Aromen.

KRÄUTER-SOBA-NUDELN MIT TOFU

120 g Soba-Nudeln
300 g mittelfester Tofu (Block), gewürfelt (1 cm)
10–15 g Petersilie, fein gehackt
10–15 g Schnittlauch, fein gehackt
6 Frühlingszwiebeln, fein gehackt
2 Bio-Limetten (Saft und abgeriebene Schale), plus etwas zum Anrichten
1 Prise getrocknete Chiliflocken
1 Knoblauchzehe, geschält, gerieben oder zerdrückt
2 EL Tamari oder Sojasauce
1 EL Olivenöl, plus etwas zum Anrichten
1 reife Avocado, in Würfel geschnitten
Meersalz

1. In einem Topf Salzwasser zum Kochen bringen und einen Dampfeinsatz auf den Topf setzen. Die Nudeln nach Packungsanweisung kochen und den Tofu in den Dampfeinsatz geben. Einen Deckel aufsetzen, bis die Nudeln fertig sind.

2. Währenddessen Petersilie, Schnittlauch, Frühlingszwiebeln, Limettenschale und -saft, Chili, Knoblauch, Sojasauce und Olivenöl mit einer Prise Salz in eine Schüssel geben und gut vermischen. Sobald die Nudeln gar sind, ebenfalls untermischen.

3. Die Nudelmischung in tiefe Teller oder Bowls geben, Tofuwürfel und Avocadostücke darauf verteilen und mit etwas Olivenöl beträufelt servieren.

Für 2 Personen
Fertig in 15 Minuten

Die Zubereitung von Dal mit schwarzen Linsen dauert gewöhnlich Stunden, aber wenn man vorgekochte Puy-Linsen verwendet, ist das Gericht in wenigen Minuten fertig und damit geeignet für ein schnelles Mittagessen. Chili, Ingwer, rote Zwiebeln und Koriander verleihen einen kräftigen Geschmack und machen den Dal zu einer ebenso wärmenden wie belebenden Mahlzeit.

LINSEN-KOKOS-DAL MIT SPINAT

- 1 EL Olivenöl
- 1 mittelgroße rote Zwiebel, geschält, fein gehackt
- 20 g Ingwer, geschält, fein gehackt
- 1 lange grüne Chilischote, fein gehackt
- 250 g vorgekochte Puy-Linsen oder 400 g grüne Linsen (Dose), abgegossen, gespült
- 1 gehäufter EL Tomatenmark
- 125 g Kokoscreme, plus etwas zum Anrichten
- 2 TL Currypulver, mittelscharf
- 100 g Spinat
- ½ Zitrone (Saft)
- 10–15 g Koriander, grob gehackt
- Meersalz

1. In einem Topf das Olivenöl bei mittlerer Hitze erwärmen. Von der gehackten Zwiebel, dem Ingwer und der Chilischote jeweils etwa ein Drittel zurückbehalten, den Rest in die Pfanne geben. Das Ganze ungefähr 8 bis 10 Minuten andünsten, bis es weich ist und köstlich duftet.

2. Inzwischen 2 EL gekochte Linsen, Tomatenmark, Kokoscreme, Currypulver und eine Prise Salz in einer Küchenmaschine oder einem Mini-Zerkleinerer zu einer glatten Masse pürieren.

3. Nun die Gewürzpaste zu den Zwiebeln in die Pfanne geben und eine weitere Minute köcheln lassen, dann die restlichen Linsen und 200 ml kochendes Wasser hinzufügen. Alles zum Kochen bringen, dann den Spinat und den Zitronensaft dazugeben und rühren, bis der Spinat zusammenfällt. Abschmecken und bei Bedarf nachwürzen.

4. Das Dal auf die Bowls verteilen und die restlichen Zwiebeln, den Ingwer und die Chilis darüberstreuen, dann mit dem Koriander, einer Prise Salz und einem weiteren Löffel Kokosnusscreme abrunden.

»Statt Kokoscreme konnt ihr auch Kokosjoghurt nehmen, den ihr zum Schluss unterrührt.«

Für 2 Personen
Fertig in 15 Minuten

Einen leckeren, schnellen Salat zum Mittagessen zu zaubern, ist keine große Kunst. Etwas komplizierter gestaltet sich dagegen die Zubereitung eines warmen, nahrhaften Eintopfs, da Eintöpfe in der Regel eine längere Kochzeit haben. Hier kommt mein superschneller Eintopf für die Mittagspause – so viel Behaglichkeit und Geschmack in nur 15 bis 20 Minuten!

KICHERERBSEN-EDAMAME-EINTOPF MIT MISO

1 EL Olivenöl
2 Schalotten, geschält, in dünne Ringe geschnitten
400 ml Kokosmilch (Dose)
400 g Kichererbsen (Dose), abgegossen, gespült
10 g Ingwer, in Stäbchen geschnitten
1 Birdeye- oder Thai-Chilischote, in dünne Ringe geschnitten
1 EL weiße Misopaste
1 TL Kurkuma, gemahlen
1 TL Tamari
1 Gemüsebrühwürfel
100 g TK-Edamame
2 Bio-Limetten (Saft von 1 Limette, 1 in Spalten geschnitten zum Anrichten)
Meersalz und schwarzer Pfeffer

1. In einer Sauteuse oder in einem Topf das Olivenöl bei mittlerer bis hoher Hitze erwärmen. Die Schalotten darin 5 Minuten unter häufigem Rühren goldgelb anbraten.

2. Kokosmilch, Kichererbsen, Ingwer, Chiliringe, Misopaste, Kurkuma, Tamari und den Brühwürfel hinzufügen. Alles aufkochen lassen, dann die Hitze reduzieren und alles mit aufgesetztem Deckel 10 Minuten köcheln lassen.

3. Etwa 1 Minute bevor der Eintopf fertig ist, die Edamame hinzufügen, den Eintopf erneut erhitzen und noch etwa 1 Minute lang köcheln lassen, bis die Edamame weich sind.

4. Den Limettensaft unterrühren und den Eintopf abschmecken, dann auf tiefe Teller verteilen und mit Limettenspalten garniert servieren.

»Ich liebe den Eintopf so wie hier beschrieben, aber er schmeckt auch mit Reis oder Nudeln köstlich, dann ist er sogar noch sättigender.«

Für 2 Personen
Fertig in 20 Minuten

Dieser einfache Salat ist mit meinem Lieblingsdressing zubereitet, das ich schon so oft gemacht habe, dass es bei uns nur »das Dressing« genannt wird. Diese Art Salat könnte ich jeden Tag essen. Ihr könnt aber auch andere Salatmischungen verwenden – das Dressing passt fast immer.

GRÜNKOHL-RUCOLA-SALAT MIT CROÛTONS

200 g gemischter Salat (z. B. Grünkohl, Spinat, Rucola)
1 ½ EL Olivenöl, plus etwas zum Rösten der Kerne
1 reife Avocado, gewürfelt
2 Scheiben Sauerteigbrot
1 kleine Knoblauchzehe, geschält
30 g Sonnenblumenkerne
½ Zitrone (Saft)
Meersalz und schwarzer Pfeffer

FÜR DAS CASHEWDRESSING
40 g Sonnenblumenkerne
60 g Cashewnüsse
100 ml Haferdrink
1 EL Dijon-Senf
1 EL Nährhefe (optional)
3 EL Olivenöl
½ Zitrone (Saft)

1. Die dicken Stiele vom Grünkohl entfernen und zusammen mit dem restlichen Salat (ohne Rucola) in eine große Schüssel geben. Olivenöl, Zitronensaft und eine Prise Salz hinzufügen und mit den Händen in die Blätter massieren, bis sie weich werden.

2. Für das Dressing alle Zutaten in einen Mixer geben. Mit Salz und Pfeffer gut würzen und pürieren, bis das Dressing glatt und cremig ist. Eventuell noch etwas Wasser hinzufügen.

3. Jetzt die Brotscheiben toasten und mit der rohen Knoblauchzehe auf beiden Seiten einreiben. Dann das Brot in mundgerechte Stücke schneiden.

4. Eine Pfanne auf mittlerer Stufe erhitzen, die Sonnenblumenkerne 3 bis 4 Minuten lang darin unter Rühren rösten, bis sie leicht golden sind. Nun 1 TL Olivenöl und die Brotstückchen dazugeben und etwa 2 Minuten lang anbraten, bis sie schön knusprig und goldbraun sind. Mit Salz und Pfeffer würzen.

5. Den Rucola, die Croûtons, die gerösteten Sonnenblumenkerne und die Avocadowürfel zum Salat in die große Schüssel geben, mit dem Cashewdressing übergießen und alles gut vermischen.

KAPITEL 3

FRISCH ANGERICHTET –

ABENDESSEN IM ALLTAG

In diesem Kapitel stelle ich euch köstliche Rezepte vor, die ihr trotz aller Hektik im Alltag zubereiten könnt. Mit weniger Zeit, weniger Arbeit und weniger Zutaten schmackhafte Gerichte auf den Tisch zu bringen, das ist Küche in Bestform. Gönnt euch auch unter der Woche einen Moment der Ruhe und ergreift die Chance für ein wenig Selbstfürsorge, indem ihr euch etwas Nahrhaftes kocht. Einen Toast zu zaubern oder ein Take-away zu bestellen ist kein Kunststück, aber diese Rezepte sind wirklich auch nicht viel aufwendiger und dauern ebenfalls nicht viel länger, werden euch aber sehr viel mehr geben.

Für 2 Personen
Fertig in 20 Minuten

Kommt eine Freundin oder ein Freund zum Abendessen, bereite ich dieses einfache, aber aromatische Gericht sehr gern zu. Ich serviere es am liebsten mit einem pikanten Rucola-Avocado-Salat als Beilage. Man kann den Palmkohl auch gut durch ein beliebiges Gemüse der Saison oder die Walnüsse durch Pinienkerne ersetzen.

WALNUSS-SPAGHETTI MIT PALMKOHL

- 150 g Spaghetti
- 75 g Walnusskerne
- 2 EL Olivenöl, plus etwas zum Anrichten
- 2 Knoblauchzehen, geschält, in dünne Scheiben geschnitten
- ½ TL Chiliflocken
- 175 g Palmkohl, Blätter abgezupft, in breite Streifen geschnitten
- ½ Zitrone (Saft)
- 50 g Rucola
- Meersalz und schwarzer Pfeffer

1. In einem großen Topf Salzwasser zum Kochen bringen und die Spaghetti darin nach Packungsanweisung bissfest kochen.

2. Inzwischen eine große Pfanne auf mittlerer Stufe erhitzen und die Walnusskerne darin 4 bis 5 Minuten unter häufigem Rühren goldgelb rösten. Dann die Walnusskerne in einen Mixer geben und beiseitestellen.

3. Das Olivenöl in die Pfanne geben, Knoblauch und Chiliflocken hinzufügen und 30 Sekunden lang darin anbraten, dann den Palmkohl hinzufügen und 4 bis 5 Minuten lang unter gelegentlichem Rühren dünsten, bis er zusammengefallen ist. Alles in den Mixer geben.

4. Nun die Nudeln durch ein Sieb abgießen, dabei eine Tasse Kochwasser zurückbehalten und die Nudeln beiseitestellen. Etwa 150 ml Kochwasser plus eine große Prise Salz und viel schwarzen Pfeffer in den Mixer geben und alles zusammen zu einer cremigen Soße pürieren. Diese in den Topf geben, dann die Nudeln unterrühren und bei mäßiger Hitze vorsichtig erwärmen. Das restliche Nudelwasser hinzufügen – es sollte etwa eine halbe Tasse übrig sein – und umrühren, bis das Gericht schön cremig geworden ist. Den Zitronensaft hinzugeben und mit Salz und Pfeffer abschmecken.

5. Die Nudeln auf Teller verteilen, den Rucola darüberstreuen, mit etwas Olivenöl beträufeln und mit reichlich schwarzem Pfeffer abschmecken.

Für 2 Personen
Fertig in 30 Minuten

Kaum zu glauben, wie gut dieses einfache Gericht schmeckt, obwohl es nur fünf Zutaten enthält – Zucchini, Knoblauch, Chili, Zitrone und Linguine. Statt Linguine könnt ihr auch eine andere Pastasorte nehmen, zum Beispiel Trofie, Casarecce, Orecchiette, Penne oder Fusilli. Ich liebe Orecchiette besonders.

ZUCCHINI-CHILI-LINGUINE

- 4 EL Olivenöl, plus etwas zum Anrichten
- 4 Knoblauchzehen, geschält, in dünne Scheiben geschnitten
- ½–1 TL Chiliflocken, plus etwas zum Anrichten
- 750 g Zucchini, Hälfte in Scheiben (½ cm) geschnitten, Hälfte in Halbmonde (½ cm) geschnitten
- 150 g Linguine
- 1 Bio-Zitrone (abgeriebene Schale)
- Meersalz und schwarzer Pfeffer

1. In einer großen Pfanne das Olivenöl bei schwacher bis mittlerer Hitze erwärmen. Knoblauch und Chiliflocken darin 1 bis 2 Minuten goldgelb anbraten. Dann die Zucchini und eine große Prise Salz hinzufügen und 25 Minuten lang schmoren, bis sie schön weich und glasig sind. Dabei gelegentlich umrühren, damit nichts anbrennt (siehe unten).

2. Inzwischen in einem großen Topf Salzwasser zum Kochen bringen, die Linguine hineingeben und nach Packungsanweisung bissfest kochen. Durch ein Sieb abgießen, dabei eine Tasse des Kochwassers zurückbehalten.

3. Nun die Nudeln in die Pfanne geben, einen kleinen Schuss des Kochwassers dazugeben – etwa 4 EL – und alles verrühren, bis eine geschmeidige Soße entsteht. Mit Salz und Pfeffer abschmecken.

4. Zum Anrichten die Nudeln auf Teller verteilen, die Zitronenschale darüberstreuen und mit Olivenöl beträufeln. Zuletzt mit einer Prise Chili garnieren und mit Meersalz und schwarzem Pfeffer abschmecken.

»Wenn ihr das Gericht mit einem hochwertigen Olivenöl verfeinert, kommt der Geschmack umso besser zur Geltung.«

»Die Süßkartoffeln sollten nicht zu dick geschnitten werden, sonst werden sie nicht rechtzeitig gar.«

Für 2 Personen
Fertig in 30 Minuten

Süßkartoffeln gehören seit zehn Jahren für mich zu den Grundnahrungsmitteln. Eines meiner Lieblingsgerichte habe ich hier ein wenig aufgepeppt mit eingelegten roten Zwiebeln für eine tolle Würze (und Farbe!), mit knusprigen Linsen und mit einem cremigen Ingwer-Koriander-Joghurt-Dressing. Wenn ihr das Gericht etwas schärfer mögt, könnt ihr natürlich auch etwas Chili darüberstreuen.

SÜSSKARTOFFEL-LINSEN-BOWL MIT INGWERJOGHURT

- 2 Süßkartoffeln, längs in dünne Spalten (1,5 cm) geschnitten
- 400 g grüne Linsen (Dose), abgegossen, gespült
- 1 TL Kreuzkümmelsamen
- 1 TL Garam Masala
- 4 EL Olivenöl
- 100 g Grünkohl, Strünke entfernt, grob zerteilt
- 1 rote Zwiebel, geschält, in dünne Ringe geschnitten
- 2 Limetten (Saft)
- 50 g Koriander (Stängel und Blätter)
- 4 EL Kokos Natur (Joghurt-Alternative)
- 3 cm Ingwer, geschält, grob gehackt
- Meersalz und Pfeffer

1. Den Backofen auf 200 °C (Umluft) vorheizen. In einer großen Rührschüssel Süßkartoffelspalten, Linsen, Kreuzkümmel, Garam Masala und 3 EL Olivenöl vermischen und alles kräftig würzen. Auf ein großes Backblech geben und im Ofen 25 Minuten backen, dabei einmal umrühren, bis die Süßkartoffeln weich und die Linsen knusprig sind.

2. Inzwischen die Zwiebeln mit der Hälfte des Limettensafts und 1 TL Meersalz in einer kleinen Schüssel gut vermischen und zum Durchziehen beiseitestellen.

3. Jetzt den Grünkohl zusammen mit dem restlichen Olivenöl und einer Prise Salz in die nun leere Rührschüssel geben und mit den Fingern etwa 1 Minute lang Öl und Salz einmassieren, bis der Grünkohl schön weich geworden ist. Beiseitestellen.

4. Für das Dressing ein paar Korianderblätter beiseitelegen, dann die restlichen Stängel und Blätter zusammen mit dem Kokosjoghurt, dem Ingwer, dem restlichen Limettensaft und einer Prise Salz in einen Mixer gegeben und zu einer glatten Soße pürieren. Abschmecken und nach Belieben nachwürzen.

5. Die Süßkartoffeln aus dem Ofen nehmen und auf zwei Bowls verteilen, dann Grünkohl, Knusperlinsen und eingelegte Zwiebeln darauf anrichten, mit dem Korianderdressing beträufelt und den restlichen Korianderblättern bestreut servieren.

Für 2 Personen
Fertig in 30 Minuten

Möglicherweise sind für manche Leserinnen und Leser gebackene Schalotten nicht so attraktiv wie zum Beispiel Süßkartoffeln. Aber ich kann euch versichern, in der Schale gebacken schmecken Schalotten wunderbar süß und zart. Dieses Wohlfühl-Gericht gehört zu meinen Lieblingsrezepten im Buch, denn es ist köstlich und sehr nahrhaft.

BOHNEN-SCHALOTTEN-BOWL

- 5 Schalotten, längs geviertelt, Wurzel intakt und mit Haut
- 3 EL Olivenöl, plus etwas zum Anrichten
- 4 Knoblauchzehen, mit Schale
- 1 TL Thymianblätter, fein geschnitten (oder getrocknet)
- 1 Prise Chiliflocken (optional)
- 2 Lauchstangen, in Ringe geschnitten
- 120 g grüne Bohnen, geputzt
- 400 g Limabohnen (Dose), abgegossen, gespült
- 100 g Babyspinat, grob gehackt
- 1 EL Weißweinessig
- 1 Bio-Zitrone (abgeriebene Schale)
- Meersalz und schwarzer Pfeffer
- Sauerteigtoast, zum Anrichten (optional)

1. Den Backofen auf 180 °C (Umluft) vorheizen. Die Schalotten in 1 EL Olivenöl und einer Prise Salz schwenken. Mit der Schnittfläche nach unten auf ein flaches Backblech legen, die Knoblauchzehen dazugeben und 25 bis 30 Minuten backen, bis sie weich und karamellisiert sind.

2. In einer Pfanne die restlichen 2 EL Öl bei schwacher bis mittlerer Hitze erwärmen. Thymian, Chiliflocken (falls verwendet), Lauch und eine Prise Salz hinzugeben und 10 Minuten dünsten, bis der Lauch weich, aber noch nicht braun geworden ist.

3. Die grünen Bohnen und die Limabohnen zusammen mit der Flüssigkeit aus der Dose in die Pfanne geben. Kurz aufkochen, dann 4 bis 5 Minuten köcheln lassen, bis der größte Teil der Flüssigkeit verdampft ist. Den Spinat unterrühren und zusammenfallen lassen, dann den Essig hinzufügen und abschmecken.

4. Die fertigen Schalotten aus dem Ofen nehmen und abkühlen lassen. Die Schale abziehen und das Fruchtfleisch unter die Bohnen mischen. Den Knoblauch schälen, mit einer Gabel leicht zerdrücken (er sollte sehr weich sein) und ebenfalls unter die Bohnen rühren.

5. Die geschmorten Bohnen auf Bowls oder Teller verteilen und mit einem großzügigen Spritzer Olivenöl, der Zitronenschale und reichlich schwarzem Pfeffer abrunden. Das Gericht schmeckt pur oder mit etwas Sauerteig-Toast serviert.

»Ihr könnt den Spinat durch Grünkohl, Palmkohl oder Mangold ersetzen. Aber bitte verwendet am Schluss ein wirklich gutes Olivenöl zum Beträufeln, denn das verleiht dem Ganzen das gewisse Etwas.«

»Dieses Gericht ist besonders haltbar, ihr könnt also problemlos die doppelte Menge machen und die zweite Hälfte am nächsten Tag zum Lunch essen.«

Für 2 Personen
Fertig in 25 Minuten

Wer Energie benötigt, sollte dieses pikante grüne Gericht für sich zubereiten, denn es enthält rund 25 g pflanzliches Eiweiß pro Portion. Außerdem schmeckt es auch fantastisch – die in der Pfanne gebratenen Chilis und der Knoblauch zusammen mit der Zitronenschale sorgen für ein wunderbares Aroma. Dieses Rezept bereite ich besonders gern montagabends zu, dann fühle ich mich für die arbeitsreiche Woche gut gewappnet.

BROKKOLI-QUINOA-BOWL MIT CHILI

100 g Quinoa
200 ml heiße Gemüsebrühe
120 g TK-Erbsen oder Petit Pois
120 g TK-Edamame
50 g gemischte Kerne (z. B. Sesamsamen, Kürbis- oder Sonnenblumenkerne)
1 Kopf Brokkoli, in kleine Röschen zerteilt
5 EL Olivenöl
2 Knoblauchzehen, geschält, in dünne Scheiben geschnitten
1–2 Birdeye-Chilischoten, fein geschnitten
1 Bio-Zitrone (Saft und abgeriebene Schale)
Meersalz und schwarzer Pfeffer

1. In einem mittelgroßen Topf die Quinoa mit der Gemüsebrühe zum Kochen bringen, dann einen Deckel aufsetzen und die Hitze reduzieren. Quinoa 10 Minuten köcheln lassen und in den letzten 2 Minuten Erbsen und Edamame hinzufügen. Die Flüssigkeit sollte dann vollständig aufgenommen sein, falls nicht, den Überschuss abgießen. Vom Herd nehmen und ruhen lassen.

2. Eine große Pfanne bei geringer bis mittlerer Hitze erwärmen und die Samen und Kerne darin 5 Minuten goldgelb rösten. Herausnehmen und beiseitestellen.

3. Die Hitze auf höchste Stufe stellen und die Hälfte der Brokkoliröschen in die trockene Pfanne geben. Achtung: Die Pfanne darf nicht zu voll sein, sonst bräunt der Brokkoli nicht richtig. Etwa 5 bis 6 Minuten lang anbraten, dabei die Pfanne ab und zu schütteln, bis der Brokkoli gebräunt ist. Herausnehmen und beiseitestellen. Den restlichen Brokkoli ebenso braten.

4. Die Hitze reduzieren und 1 EL Olivenöl in die Pfanne geben, dann schnell den Knoblauch und die Chilistücke dazugeben und 2 bis 3 Minuten darin knusprig braten. Die Pfanne vom Herd nehmen und den Brokkoli mit dem Knoblauch und den Chilis vermengen.

5. Für das Dressing in einer Schüssel 4 EL Olivenöl, den Zitronensaft, eine große Prise Salz und etwas Pfeffer verquirlen. Die Quinoa auflockern und mit dem Dressing vermischen. Abschmecken und nach Bedarf nachwürzen. Die Quinoa auf Bowls verteilen, die Brokkoliröschen und die Kerne darübergeben und mit Zitronenschale bestreuen.

TIPP
Wenn es besonders schnell gehen soll, könnt ihr den Brokkoli auch in einem Rutsch rösten, er verliert dann nur ein wenig von seiner Textur.

Für 2 Personen
Fertig in 20 Minuten

Dieses nahrhafte Gericht ist bunt wie ein Regenbogen und besticht nicht nur durch seine Farben, sondern auch durch seine verschiedenen Texturen. Und indem es mehr als 25 g pflanzliches Eiweiß liefert, wird es auch zu einem hervorragenden Energielieferanten. Das Dressing aus Tahin, Ahornsirup und Limetten macht diese Mahlzeit wunderbar cremig, während die Gurken- und Radieschenscheiben ihr eine knackige Frische verleihen.

QUINOA-TOFU-BOWL MIT TAHIN

300 g fester Tofu (Block), abgetropft
1 EL Olivenöl
100 g Quinoa
200 ml heiße Gemüsebrühe
100 g Radieschen, in feine Scheiben geschnitten
1 kleine Salatgurke, entkernt, fein gewürfelt
1 reife Avocado, gewürfelt
Meersalz und schwarzer Pfeffer

FÜR DAS DRESSING
6 EL Olivenöl
2 Bio-Limetten (Saft von 1 Limette, 1 halbiert)
2 EL Ahornsirup
4 EL Tahin

1. Den Tofu mit Küchenpapier trocken tupfen und in kleine Stücke schneiden. In einer großen Pfanne das Olivenöl bei mittlerer Hitze erwärmen. Den Tofu hineingeben und 10 bis 12 Minuten darin goldgelb und knusprig braten, dabei etwa alle 2 Minuten wenden.

2. Inzwischen in einem kleinen Topf die Quinoa und die Gemüsebrühe kurz aufkochen und dann mit aufgesetztem Deckel 10 Minuten köcheln lassen. Vom Herd nehmen, eventuell überschüssige Flüssigkeit abgießen, und beiseitestellen.

3. Für das Dressing in einer Schüssel 6 EL Olivenöl, den Limettensaft, Ahornsirup, Tahin, eine große Prise Salz, etwas schwarzen Pfeffer und ungefähr 1 EL Wasser miteinander verquirlen. Damit das Dressing richtig sahnig wird, bei Bedarf noch etwas Wasser hinzufügen.

4. Die Quinoa mit einer Gabel auflockern und mit einem Drittel des Dressings vermischen. Mit Salz und Pfeffer abschmecken und auf die Bowls verteilen. Ein weiteres Drittel des Dressings mit dem Tofu vermengen, dann den Tofu über die Quinoa geben, Radieschen, Gurke und Avocado darauf verteilen und mit dem restlichen Dressing beträufeln.

5. Nach Belieben abschmecken und mit den Limettenhälften servieren, die über dem Gericht ausgepresst werden können.

TIPP
Ihr könnt Reste des Dressings in einem Glas im Kühlschrank bis zu 2 Wochen aufbewahren.

Für 2 Personen
Fertig in 30 Minuten

Wer die indische Küche liebt wie mein Mann und ich, wird von diesem Gericht, das von der Palak-Panir-Soße inspiriert ist, begeistert sein. Den Panir (indischer Frischkäse) habe ich hier durch Tofu ersetzt, damit das Gericht vollständig pflanzenbasiert ist. Ihr solltet dieses supercremige, wärmende und aromatische Rezept unbedingt mal ausprobieren.

TOFU-SPINAT-BOWL

250 g Babyspinat
2 EL Olivenöl
1 TL Kreuzkümmel, ganz
1 Zwiebel, geschält, gewürfelt
4 Knoblauchzehen, geschält, gerieben oder fein gehackt
40 g Ingwer, geschält, gerieben
½ TL scharfes Chilipulver
½ TL Garam Masala
125 g Kirschtomaten, geviertelt
Meersalz

FÜR DEN TOFU
3 EL Nährhefe
3 EL Olivenöl
300 g fester Tofu (Block), abgetropft, gewürfelt (2 cm)

1. Eine Pfanne bei mittlerer bis starker Hitze erwärmen. Drei Viertel des Spinats mit einem Spritzer Wasser hineingeben, einen Deckel aufsetzen und 2 bis 3 Minuten dünsten, bis er zusammengefallen ist, dabei einige Male umrühren. Anschließend den Spinat mit 150 ml Wasser in einem Mixer zu einer glatten Masse pürieren und beiseitestellen.

2. Dann in derselben Pfanne das Olivenöl bei mittlerer Hitze erwärmen. Den Kreuzkümmel darin 30 Sekunden lang rösten, bis er zu duften beginnt. Jetzt Zwiebeln, Knoblauch und Ingwer sowie eine Prise Salz dazugeben und bei mittlerer Hitze 10 Minuten lang anbraten, bis sie goldgelb und glasig sind.

3. Inzwischen in einer Schüssel die Nährhefe und das Olivenöl zu einer Paste verrühren, dann den Tofu unterrühren. Den Tofu in einer weiteren großen Pfanne bei mittlerer Hitze 8 bis 10 Minuten lang braten, dabei alle 2 Minuten wenden, sodass die Tofustückchen von allen Seiten knusprig und goldgelb sind. Die Pfanne vom Herd nehmen und den Tofu beiseitestellen.

4. Chilipulver, Garam Masala und Tomaten in die Pfanne zu der Zwiebelmischung geben und 5 Minuten köcheln lassen, bis die Tomaten anfangen zu zerfallen. Den restlichen Spinat grob hacken und zusammen mit dem pürierten Spinat unterrühren.

5. Sobald alles gut miteinander verbunden und der Spinat zerfallen ist, abschmecken und den knusprigen Tofu unterrühren. Pur, mit Reis oder Vollkornbrötchen genießen.

Für 2 Personen
Fertig in 30 Minuten

Meine Schwester und ich tauschen regelmäßig Rezepte aus. Eines Tages (während des Covid-Lockdowns) hatten wir die Idee, Kohl im Backofen zu rösten. Von dieser neuen und einfachen Zubereitungsart war ich sofort begeistert. Kohl war bisher nicht mein Lieblingsgemüse, aber auf diese Art zubereitet, schmeckt er mir außerordentlich gut.

RÖSTKOHL-KICHERERBSEN-BLECH

- 1 kleiner Spitzkohl, längs geviertelt, Strunk ganz, jedes Viertel in 6 Keile geschnitten
- 1 Aubergine, in Halbmonde (2 cm) geschnitten
- 400 g Kichererbsen (Dose), abgegossen, gespült
- 4 Knoblauchzehen, ungeschält
- 3 EL Olivenöl
- 2 EL Kokos Natur (Joghurt-Alternative)
- 1 EL Ahornsirup
- 2 EL Tahin
- ½ Bio-Zitrone (Saft und abgeriebene Schale)
- 1 EL Sumach-Gewürz zum Anrichten (optional)
- Meersalz und Pfeffer

1. Den Backofen auf 180 °C (Umluft) vorheizen.

2. Kohl, Aubergine, Kichererbsen und Knoblauchzehen auf ein großes Backblech geben, mit dem Olivenöl übergießen und kräftig würzen. Etwa 25 Minuten backen, bis das Gemüse weich und die Kichererbsen leicht knusprig sind, nach etwa der halben Garzeit einmal durchrühren.

3. Für das Dressing in einer Schüssel Kokosjoghurt, Ahornsirup, Tahin und Zitronensaft verquirlen und mit reichlich Salz und Pfeffer würzen.

4. Sobald das Gemüse weich ist, das Innere der Knoblauchzehen (sie sollten vollkommen weich sein) in das Dressing quetschen und mit einer Gabel grob zerdrücken und untermischen. Abschmecken und bei Bedarf nachwürzen.

5. Einen Teil des Knoblauchjoghurts über das Gemüse geben (oder als Beilage servieren), dann die geriebene Zitronenschale, das Sumach-Gewürz (falls verwendet) und eine Prise Salz darüberstreuen.

TIPP

Der restliche Knoblauchjoghurt hält sich im Kühlschrank bis zu 5 Tagen – er kann jeden Salat verfeinern.

Für 2 Personen
Fertig in 30 Minuten

Dieses Rezept könnte meiner Meinung nach das beliebteste aus diesem Buch werden. Granatäpfel, Petersilie, Zitrone und Rucola geben dem Gericht eine wunderbare Frische, während ihm Harissa eine schöne Wärme und die Auberginen und Walnüsse eine gewisse Erdigkeit verleihen. Wenn ich es für Freunde zubereite, ist es immer ein Hit. Das Rezept lässt sich gut verdoppeln, sodass man die Reste als Lunch für unterwegs nehmen kann.

AUBERGINEN-NUSSREIS MIT KRÄUTERN

100 g Vollkorn-Basmatireis
2 Auberginen, in Halbmonde (1 cm) geschnitten
1 EL Harissapaste
1 EL Olivenöl
75 g Walnusskerne, grob gehackt
200 g Granatapfelkerne
10–15 g Petersilie, grob gehackt
10–15 g Minze, grob gehackt
50 g Rucola
Meersalz und schwarzer Pfeffer

FÜR DAS HARISSA-DRESSING
1 TL Harissapaste
2 EL Olivenöl
½ Zitrone (Saft)

1. Den Backofen auf 180 °C (Umluft) vorheizen.

2. In einem kleinen Topf 300 ml Salzwasser zum Kochen bringen, den Reis hinzufügen und mit aufgesetztem Deckel 20 bis 25 Minuten köcheln lassen, bis das Wasser vollständig aufgesogen ist. Stehen lassen, bis alles andere fertig ist, und vor dem Anrichten mit einer Gabel auflockern.

3. Währenddessen die Auberginen mit Harissapaste und Olivenöl auf ein großes Backblech geben und kräftig würzen. Die Auberginenstücke sollten gut mit Harissa und Olivenöl bedeckt sein (am besten mit den Händen alles durchmischen!). Die Auberginen 25 Minuten lang backen, bis sie weich sind, dabei einmal umrühren.

4. Ungefähr 5 Minuten vor Ende der Backzeit die Walnusskerne auf das Blech streuen und das Backblech wieder in den Ofen schieben.

5. In einer Schüssel die gebackenen Auberginen und Walnüsse mit dem Reis, den Granatapfelkernen, der Petersilie, der Minze und dem Rucola gut vermischen. Die Zutaten für das Harissa-Dressing in einer kleinen Schüssel verrühren, über den Salat geben und abschmecken. Die Auberginen-Reis-Mischung auf zwei Teller verteilen.

»Das Rezept wird noch einfacher, wenn ihr einen Beutel mit vorgekochtem Reis verwendet. Dann muss nur noch ein einfaches Ofengemüse gemacht werden. Zur Abwechslung könnt ihr statt Reis auch verschiedene Getreidesorten nehmen: Bulgur, Couscous und Perlgraupen eignen sich alle hervorragend.«

Für 2 Personen
Fertig in 20 Minuten

Einfache Gemüsepfannen sind die beste Möglichkeit, viel Gemüse auf den Teller zu bekommen. Mit Knoblauch, Möhren, Spinat, Lauch und Erbsen erhaltet ihr in diesem Rezept gleich fünf davon. Hinzu gesellen sich das Eiweiß von Quinoa und die Aromen von frischem Chili und Ingwer. Alles zusammen ergibt eine fantastische Gemüsepfanne für jeden Tag.

CHILI-INGWER-GEMÜSEPFANNE

- 100 g Quinoa
- 200 ml heiße Gemüsebrühe
- 3 EL Olivenöl
- 2 Knoblauchzehen, geschält, in feine Scheiben geschnitten
- 15 g frischer Ingwer, geschält, grob gerieben
- 1–2 Birdeye-Chilischoten, in dünne Ringe geschnitten
- 2 Möhren, geschält, in dünne Scheiben oder Stifte geschnitten
- 2 Lauchstangen, in Ringe geschnitten
- 120 g TK-Erbsen oder Petit Pois
- 100 g Babyspinat
- 2 EL Tamari oder Sojasauce
- 1 EL brauner Reisessig

1. In einem kleinen Topf die Quinoa mit der Gemüsebrühe zum Kochen bringen, dann mit aufgesetztem Deckel 10 Minuten köcheln lassen. Vom Herd nehmen und beiseitestellen.

2. In einem großen Wok oder einer Pfanne 2 EL Olivenöl bei mittlerer bis hoher Hitze erwärmen. Knoblauch, Ingwer und Chili darin 2 bis 4 Minuten lang kross und goldgelb anbraten. Achtung: Der Knoblauch darf nicht anbrennen! Knoblauch und Chili mit einem Schaumlöffel rasch aus der Pfanne nehmen, auf einem Küchenpapier abtropfen lassen und beiseitestellen.

3. Das restliche Olivenöl, die Möhren, den Lauch und die Erbsen in die Pfanne geben und 5 bis 6 Minuten weich braten. Den Spinat unterrühren und etwa 1 weitere Minute mitdünsten, bis der Spinat zusammengefallen ist. Die Pfanne vom Herd nehmen und Tamari und Reisessig unterrühren.

4. Die Quinoa mit einer Gabel auflockern und auf die Bowls verteilen. Das gebratene Gemüse darauf anrichten und die knusprige Knoblauchmischung darübergeben.

»Ihr könnt das Gemüse je nach Saison variieren – Mais, Grünkohl und Zucchini sind prima Ergänzungen. Auch Knoblauch und Chili lassen sich gut in doppelter Menge zubereiten und im Kühlschrank bis zu 5 Tage aufbewahren – ihr müsst nur darauf achten, dass sie mit Olivenöl bedeckt sind. Man kann damit hervorragend einfache Salate, Suppen oder Rühr-Tofu verfeinern.«

TIPP
Meine Kleinen lieben dieses Gericht, die gebratenen Chilischoten halte ich aber für mich und meinen Mann zurück!

»Tofu schmeckt am besten, wenn er vor dem Braten richtig trocken ist, dann wird er außen schön fest und knusprig. Ihr könnt den Tofu entweder mit Küchenpapier auspressen oder – wenn ihr mehr Zeit habt – ihn in Papier einschlagen und dann mit Büchern beschweren, sodass noch mehr Flüssigkeit austritt.«

Für 2 Personen
Fertig in 30 Minuten

Süße Rote Bete, kräftiges Miso, Knoblauch, Ahornsirup und Blattgemüse klingen vielleicht nach einer ungewöhnlichen Kombination, aber sie passen wirklich gut zusammen. Die einzelnen Geschmacksrichtungen ergänzen sich gegenseitig und ergeben eine wunderbar wohltuende, nahrhafte Regenbogen-Bowl! Falls ihr Rote Bete normalerweise nicht so mögt, empfehle ich euch dennoch, dieses Gericht mal auszuprobieren.

ROTE-BETE-MISO-NUDELN

3 EL Olivenöl
300 g fester Tofu (Block), abgetropft, klein geschnitten
100 g Soba-Nudeln
2 Knoblauchzehen, geschält, fein geschnitten oder gerieben
100 g Blattgemüse (z. B. Grünkohl, Spinat, Palmkohl), gewaschen, grob gehackt
120 g TK-Edamame
240 g vorgekochte Rote Bete (siehe Tipp), gewürfelt
3 EL weiße Misopaste
2 EL brauner Reisessig
1 EL Ahornsirup
3 Frühlingszwiebeln, in feine Ringe geschnitten

1. In einer großen Pfanne 2 EL Olivenöl bei mittlerer bis hoher Hitze erwärmen. Den Tofu darin 10 bis 12 Minuten braten, dabei etwa alle 2 Minuten wenden, bis er knusprig und goldbraun ist. Aus der Pfanne nehmen, auf Küchenpapier geben und beiseitestellen.

2. Die Soba-Nudeln in einem Topf mit kochendem Salzwasser 4 bis 5 Minuten bissfest kochen, dann durch ein Sieb abgießen und mit kaltem Wasser abschrecken. Beiseitestellen.

3. Sobald der Tofu fertig gebraten ist, den restlichen EL Olivenöl in die Pfanne geben und den Knoblauch 2 Minuten darin goldgelb anbraten. Dann Grünkohl, Edamame und Rote Bete hinzufügen und weitere 3 bis 4 Minuten dünsten, bis sie weich sind.

4. Inzwischen in einer kleinen Schüssel Misopaste, braunen Reisessig und Ahornsirup mit etwa 4 EL Wasser verquirlen, um die Soße zu verdünnen – sie sollte die Konsistenz von Sahne haben.

5. Die Pfanne mit dem Gemüse vom Herd nehmen. Die Misosoße hineingießen, dann die gekochten Nudeln, den Tofu und etwa 3 EL Wasser dazugeben. Umrühren, bis eine glatte, cremige Soße entsteht. Die Nudeln auf Teller verteilen und mit den Frühlingszwiebeln garniert servieren.

TIPP
Bitte achtet darauf, dass ihr keine in Essig eingelegte Rote Bete verwendet, da sie für dieses Gericht zu dominant schmecken würde.

Für 2 Personen
Fertig in 30 Minuten

Diese Bowl mache ich immer dann, wenn ich mich ein bisschen schlapp oder erkältet fühle. Sie ist so wohltuend und beruhigend, sehr nahrhaft und absolut köstlich. Am besten richtet man sie mit viel Limette an, das macht sie schön pikant, und verwendet für den intensiven Umami-Geschmack reichlich Miso.

TOFU-PILZ-BOWL MIT UDON-NUDELN

- 4 EL Olivenöl
- 300 g fester Tofu (Block), abgetropft, klein geschnitten
- 100 g Schalotten, geschält, fein geschnitten
- 2 Knoblauchzehen, geschält, gerieben oder zerdrückt
- 15 g Ingwer, geschält, gerieben
- 200 g gemischte Pilze (z. B. Shiitake-Pilze), in Scheiben geschnitten
- 3 EL Vollkornreis-Misopaste
- 400 ml Kokosmilch (Dose)
- 500 ml heiße Gemüsebrühe
- 100 g Udon-Nudeln
- 150 g Babyspinat
- 1–2 Bio-Limetten (Saft und abgeriebene Schale)
- Meersalz und Pfeffer

1. In einer großen Pfanne bei mittlerer Hitze 2 EL Olivenöl erwärmen. Den Tofu darin 10 bis 12 Minuten braten, dabei etwa alle 2 Minuten wenden, bis er knusprig und goldgelb ist. Aus der Pfanne nehmen, auf Küchenpapier geben und beiseitestellen.

2. Währenddessen in einem großen Topf oder Wok bei mittlerer bis hoher Hitze das restliche Olivenöl erwärmen. Schalotten, Knoblauch, Ingwer und Pilze hinzufügen und 8 bis 10 Minuten unter häufigem Rühren darin anbraten, bis sie weich und aromatisch sind.

3. Anschließend Misopaste, Kokosmilch und Gemüsebrühe mit dem Schneebesen einrühren und alles zum Kochen bringen. Die Nudeln hinzufügen, einen Deckel aufsetzen und 8 bis 10 Minuten köcheln lassen, bis die Nudeln gar sind.

4. Den Spinat und die Tofustücke unterheben, dann die Nudelmischung auf Bowls verteilen und mit Limettensaft und Limettenschale abgeschmeckt servieren.

»Dies ist ein ideales Grundrezept, das man je nachdem, was man im Kühlschrank hat, variieren kann. Zum Beispiel könnt ihr ein Gemüse wie Chinakohl zu den Pilzen hinzufügen, etwas Kurkuma gibt dem Gericht mehr Farbe und eine Extraprise Chili mehr Schärfe.«

Für 2 Personen
Fertig in 30 Minuten

Dieses sättigende Ofengemüse schmeckt knusprig und knackig – es ist ein herzhaftes und supereinfaches Gericht, das kaum Vorbereitungszeit benötigt und auch kein Küchenchaos hinterlässt. Der würzige Harissa-Joghurt passt ausgezeichnet dazu und kann außerdem vielseitig als Dip oder Dressing verwendet werden.

KARTOFFEL-BOHNEN-BLECH MIT HARISSA-JOGHURT

350 g Kartoffeln, mit Schale
½ EL Olivenöl
2 rote Zwiebeln, geschält, halbiert, in feine Scheiben geschnitten
2 TL Paprikapulver
200 g Kirschtomaten
400 g Limabohnen (Dose), abgegossen, gespült
10–15 g Koriander, grob gehackt
Meersalz

FÜR DEN HARISSA-JOGHURT
4 EL Kokos Natur (Joghurt-Alternative)
2 EL Harissapaste
3 Bio-Limetten (Saft und abgeriebene Schale von 2, Spalten von 1 Limette)

1. Den Backofen auf 220 °C (Umluft) vorheizen und einen großen Topf mit Salzwasser zum Kochen bringen.

2. Die Kartoffeln in 1 cm große Würfel schneiden, in das kochende Salzwasser geben und 5 Minuten köcheln lassen, bis sie so weich sind, dass sie sich mit einem Messer leicht einstechen lassen. Inzwischen das Öl in eine große, flache Auflaufform geben und im Ofen erhitzen. Dann die Kartoffeln abgießen und gut abtropfen lassen. Zusammen mit den Zwiebelscheiben, dem Paprikapulver und einer Prise Meersalz in die vorgewärmte Auflaufform geben. Alles gut durchmischen und die Kartoffeln 20 Minuten backen, dabei gelegentlich umrühren, damit sie gleichmäßig garen.

3. Die Kirschtomaten und die Limabohnen zu den Kartoffeln in die Form geben und weitere 5 Minuten backen, bis die Tomaten weich und die Kartoffeln knusprig sind.

4. Währenddessen Kokosjoghurt, Harissa, Limettenschale und -saft in einer kleinen Schüssel verrühren und mit Salz abschmecken.

5. Sobald Kartoffeln, Bohnen und Tomaten fertig sind, das Gemüse aus dem Ofen nehmen, den Koriander darüberstreuen und mit dem Harissa-Joghurt und den Limettenspalten angerichtet servieren.

Für 2 Personen
Fertig in 20 Minuten

Dieses Pastagericht bereite ich schon seit Jahren immer wieder zu, denn es gehört zu meinen Lieblingsrezepten. Durch die Misopaste erhält das Gericht einen besonders intensiven Geschmack, der Joghurt macht es schön cremig, und die Mischung aus Salbei und Thymian verleiht ihm eine angenehme Frische.

PILZ-NUDEL-PFANNE MIT SALBEI

150g kurze Nudeln (z.B. Casarecce, Fusilli oder Farfalle)
1 EL Olivenöl
1 Zwiebel, geschält, in feine Scheiben geschnitten
4 Knoblauchzehen, geschält, fein geschnitten
5g Thymianzweige, Blätter abgestreift
5g Salbeiblätter, fein geschnitten
400g Pilze (z.B. braune Champignons und Shiitake), in Scheiben geschnitten
2 TL Vollkornreis-Misopaste
4 EL Kokos Natur (Joghurt-Alternative)
100g Spinat, in grobe Streifen geschnitten
½ Zitrone (Saft)
Meersalz und schwarzer Pfeffer

1. Zuerst die Nudeln in einen großen Topf mit kochendem Salzwasser geben. Nach Packungsanweisung oder bissfest kochen, dann durch ein Sieb abgießen, dabei eine Tasse Kochwasser aufbewahren.

2. Inzwischen in einer großen Pfanne das Olivenöl bei mittlerer Hitze erwärmen. Sobald das Öl heiß ist, die Zwiebel mit einer Prise Salz hinzugeben und etwa 5 Minuten lang darin andünsten, bis sie weich sind. Nun Knoblauch, Thymian und Salbei hinzufügen und 2 bis 3 Minuten mitdünsten, bis sie anfangen zu duften. Ein paar Salbeiblätter herausnehmen und zum Anrichten beiseitestellen.

3. Die Hitze erhöhen und die Pilze und die Misopaste zu der Zwiebel-Kräuter-Mischung in die Pfanne geben. Die Pilze unter ständigem Rühren 8 bis 10 Minuten braten, bis sie eine goldbraune Farbe angenommen haben.

4. Die Hitze reduzieren und den Joghurt, den Spinat und den Zitronensaft hinzufügen. Die abgegossenen Nudeln unterrühren. Etwa 100ml des aufbewahrten Kochwassers hinzufügen. Kräftig mit Salz und Pfeffer würzen und etwa 1 Minute lang gut verrühren, bis alles schön glatt und cremig geworden ist.

5. Die Nudeln auf tiefe Teller verteilen und mit dem beiseitegelegten gebratenen Salbei und viel schwarzem Pfeffer garniert servieren.

»Damit die Soße schön glatt und cremig wird, verwendet am besten einen richtigen Mixer und keine Küchenmaschine.«

Für 2 Personen
Fertig in 15 Minuten

Für meine Kinder bereite ich alle möglichen Varianten dieses Rezepts zu. Ich nehme dafür oft alles Grünzeug, das ich gerade im Kühlschrank finde – grüne Bohnen, Spargel, Spinat usw. Das Gericht ist supereinfach und macht dennoch wunderbar satt.

BROKKOLI-ERBSEN-PASTA

150 g Orecchiette
300 g Brokkoli, in kleine Röschen zerteilt
100 g TK-Erbsen
50 g Cashewkerne (siehe Tipp)
1 Würfel Gemüsebrühe
1 TL Dijon-Senf
1 EL Nährhefe
2 Bio-Zitronen (Saft und abgeriebene Schale)
400 g Limabohnen (Dose), abgegossen, gespült
Meersalz und schwarzer Pfeffer

1. In einem großen Topf mit Salzwasser die Nudeln nach Packungsanweisung bissfest kochen und den Brokkoli und die TK-Erbsen in den letzten 3 Minuten der Kochzeit hinzufügen. Die Nudeln sollten perfekt al dente, der Brokkoli zart und die Erbsen aufgetaut sein.

2. Inzwischen die Cashewkerne und den Brühwürfel in eine Schüssel mit 100 ml kochendem Wasser geben. Den Brühwürfel darin auflösen und die Cashewkerne 5 Minuten lang einweichen.

3. Nun den Senf, die Nährhefe, den Saft beider Zitronen und die Hälfte der Schale sowie die halbe Dose Limabohnen zusammen mit den eingeweichten Cashewkernen samt Flüssigkeit in einen Hochleistungsmixer geben. Alles zu einer glatten, cremigen Soße pürieren. Mit Salz und Pfeffer abschmecken.

4. Die Soße über die abgegossenen Nudeln und das Gemüse geben, die restlichen Limabohnen hinzufügen und alles gut vermischen. Mit ein wenig Zitronenschale garniert servieren.

TIPP
Für eine nussfreie Variante die Cashewkerne einfach durch Sonnenblumenkerne ersetzen.

Für 2 Personen
Fertig in 30 Minuten

Hier bekommt ihr eine supereinfache Montagabend-Mahlzeit, die nicht nur sehr schmackhaft ist, sondern auch sehr nahrhaft. Diese Mischung aus Aromen und Texturen – die sanfte Würze der gedünsteten Bohnen, die cremigen Avocado-Scheiben, die nussige Note der Quinoa und die Frische der Limettenschale – wird euch sicher gefallen.

BOHNEN-AVOCADO-QUINOA

- 100 g Quinoa (auch Graupen, Reis oder Bulgur)
- 2 EL Olivenöl, plus etwas zum Anrichten
- 4 Knoblauchzehen, geschält, zerdrückt
- 1 TL Vollkornreis-Misopaste
- 1 EL Harissapaste
- 400 g schwarze Bohnen (Dose)
- 50 g Spinat
- 1 große Avocado, in dünne Scheiben geschnitten
- 2 Bio-Limetten, (Saft und abgeriebene Schale von 1 Limette, 1 in Spalten geschnitten)
- 1 EL Sesamsamen
- 1 TL Chiliflocken
- Meersalzflocken und schwarzer Pfeffer

1. In einem kleinen Topf die Quinoa mit 200 ml Wasser und einer großen Prise Salz zum Kochen bringen, dann einen Deckel aufsetzen und die Quinoa 10 Minuten köcheln lassen, bis sie gerade gar ist. Den Topf vom Herd nehmen und beiseitestellen, bis alles andere fertig ist.

2. Inzwischen in einem Topf 1 EL Olivenöl bei mittlerer Hitze erwärmen. Knoblauch, Miso und Harissapaste hinzufügen und unter häufigem Rühren 1 bis 2 Minuten andünsten, bis der Knoblauch zu duften beginnt.

3. Die schwarzen Bohnen zusammen mit dem Wasser aus der Dose hinzufügen und kräftig mit Salz und Pfeffer würzen. Kurz aufkochen lassen, einen Deckel aufsetzen und die Bohnen 20 bis 25 Minuten köcheln lassen, bis die Flüssigkeit um die Hälfte reduziert ist. Den Spinat hinzugeben und unter Rühren zusammenfallen lassen.

4. Zum Anrichten die Quinoa mit einer Gabel auflockern, ein wenig Olivenöl unterrühren und auf zwei Teller verteilen. Dann die würzigen schwarzen Bohnen und die in Scheiben geschnittene Avocado daraufgeben. Die Avocadospalten mit Limettensaft beträufeln und mit etwas Meersalz bestreuen. Sesamsamen, Chiliflocken und abgeriebene Limettenschale über die Quinoa streuen und mit Limettenspalten garniert servieren.

Für 2 Personen
Fertig in 30 Minuten

Miso-Auberginen mögen, wie ich glaube, fast alle, die vegetarisch essen. Ingwer und Miso, Ahornsirup und Reisessig geben dem Gericht einen Extrakick. Die Auberginen werden auf einem Bett aus Linsen, Grünkohl, gerösteten Kernen und Schnittlauch angerichtet, wodurch alles eine insgesamt frische und leichte Note erhält.

MISO-AUBERGINEN AUF GRÜNKOHL-LINSEN

- 30 g Ingwer, geschält, gerieben oder fein gehackt
- 4 EL Olivenöl, plus etwas zum Anrichten
- 4 EL weiße Misopaste
- 4 EL Ahornsirup
- 4 EL brauner Reisessig
- 2 Auberginen, längs in acht Spalten geschnitten
- 400 g braune Linsen (Dose), abgegossen, gespült
- 60 g Kerne (z. B. Sesamsamen, Kürbis- und Sonnenblumenkerne)
- 100 g Grünkohl, klein geschnitten
- 10–15 g Schnittlauch, fein geschnitten
- 1 Prise Chiliflocken
- Meersalz und schwarzer Pfeffer

»Die Auberginen werden wunderbar würzig, wenn ihr ein Viertel des Dressings zurückbehaltet und es erst 5 Minuten vor Ende der Garzeit darübergebt.«

1. Den Backofen auf 180 °C (Umluft) vorheizen. Für die Misosoße Ingwer, 3 EL Olivenöl, Misopaste, Ahornsirup und Reisessig in einer kleinen Schüssel verrühren.

2. Die Auberginen auf ein mit Backpapier ausgelegtes Blech legen, Salz darüberstreuen und mit zwei Dritteln der Misosoße übergießen. Alles gut vermischen, damit die Auberginen rundum bedeckt sind. Die Auberginen 25 Minuten backen, bis sie weich sind, dabei einmal wenden.

3. Die Linsen auf ein zweites Backblech geben, mit etwa 1 EL Olivenöl beträufeln, würzen und auf die untere Schiene des Ofens schieben. 20 bis 25 Minuten backen, bis sie knusprig sind.

4. Die Sesamsamen, Kürbis- und Sonnenblumenkerne sowie den Grünkohl mit dem restlichen Dressing vermischen und für die letzten 5 bis 10 Minuten zu den Linsen geben, bis der Grünkohl schön kross ist.

5. Grünkohl und Kerne auf einer Servierplatte anrichten und die Auberginenspalten, die Knusperlinsen, den Schnittlauch, die Chiliflocken, Salz und einen Spritzer Olivenöl darübergeben.

Für 2 Personen
Fertig in 30 Minuten

Wer eine Veggie-Variante von Fisch und Chips sucht, der findet hier das ideale Rezept. Die knusprigen Tofu-Sticks mit dem Pesto-Püree (aus ungeschälten Kartoffeln) sind bei uns ein echter Hit, und ich mache sie oft für meine Kinder. Sie lieben es, die Tofu-Sticks in eine kleine Schale mit Pesto zu tunken! Ein schöner pikanter Salat als Beilage passt besonders gut dazu.

TOFO-STICKS MIT PESTO-PÜREE

FÜR DAS PESTO-PÜREE
- 400 g mehligkochende Kartoffeln, groß gewürfelt
- 3 EL Haferdrink
- 3 EL Olivenöl
- 2 EL Basilikumpesto

FÜR DIE TOFU-STICKS
- 3 EL normales Weißmehl
- 50 g Panko-Paniermehl
- 1 TL gemischte Kräuter, getrocknet
- 300 g fester Tofu (Block), abgetropft, in 12 Sticks geschnitten
- 3 EL Olivenöl
- Meersalz und schwarzer Pfeffer

»Wenn man die Kartoffeln nicht schält, spart man Zeit und hat ein Plus an Geschmack (die Schale enthält viele Vitamine und Mineralstoffe). Bevorzugt ihr jedoch ein glattes Püree, dann schält einfach die Kartoffeln vor dem Kochen.«

1. Die Kartoffeln in einem Topf mit kaltem Salzwasser zum Kochen bringen, die Hitze reduzieren und die Kartoffeln 20 Minuten lang weich kochen. Durch ein Sieb abgießen und einige Minuten abdampfen lassen.

2. Inzwischen für die Tofu-Sticks das Mehl in eine flache Schüssel geben, nach und nach 75 ml Wasser dazugießen und mit dem Schneebesen zu einer glatten, dünnflüssigen Paste verrühren. Das Paniermehl in einer weiteren flachen Schüssel mit den getrockneten Kräutern sowie je ¼ TL Salz und Pfeffer vermischen.

3. Die Tofu-Sticks von allen Seiten etwas salzen, dann in die Mehlpaste tauchen, überschüssige Menge abtropfen lassen und anschließend im Kräuter-Paniermehl wälzen, sodass sie gleichmäßig bedeckt sind. Es ist einfacher (und macht weniger Dreck), wenn ihr die Sticks mit einer Hand in die Mehlpaste und mit der anderen in das Paniermehl taucht.

4. In einer großen Pfanne das Olivenöl bei geringer bis mittlerer Hitze erwärmen. Die Tofu-Sticks hineinlegen und 3 bis 4 Minuten auf jeder Seite goldgelb braten. Achtung: Die Pfanne darf nicht zu heiß sein, sonst wird das Paniermehl zu schnell schwarz und bräunt nicht gleichmäßig. Die Sticks sollten nicht übereinanderliegen, denn sie brauchen Platz, um knusprig zu werden.

5. Zum Schluss die Kartoffeln zerstampfen und mit dem Haferdrink, dem Olivenöl und dem Pesto cremig verrühren. Abschmecken und bei geringer Hitze erwärmen.

Für 2 Personen
Fertig in 25 Minuten

Das Miso-Tahin-Dressing und die gerösteten Kräutermandeln selbst zu machen, lohnt sich. Das kann ich euch versichern, denn beides ist sehr vielseitig und lässt sich für fast alle Salate verwenden. Der Graupensalat kann beliebig variiert werden. Ihr braucht dafür nur drei Gemüse- und eine Getreidesorte. Auch Riesencouscous und Quinoa eignen sich hervorragend, ebenso Fenchel, zarter Brokkoli oder Spargel.

GRAUPEN-BOHNEN-SALAT MIT KRÄUTERMANDELN

100 g Perlgraupen
200 g grüne Bohnen, geputzt
2 Stangen Staudensellerie, in dünne Ringe geschnitten, ein paar Blätter zum Anrichten
1 Granny-Smith-Apfel, in Stifte geschnitten
Meersalz und Pfeffer

FÜR DAS MISO-TAHIN-DRESSING
1 EL weiße Misopaste
1 EL Tahin
1 EL Apfelessig
1 EL Ahornsirup
½ Knoblauchzehe, geschält, zerdrückt

FÜR DIE GERÖSTETEN KRÄUTERMANDELN
60 g Mandeln
½ Knoblauchzehe, geschält, zerdrückt
15 g Schnittlauch, fein geschnitten
2 EL Olivenöl

1. Die Graupen in einen Kochtopf geben, mit Wasser bedecken und eine große Prise Salz hinzufügen. Zum Kochen bringen, dann die Hitze reduzieren und 20 Minuten lang köcheln lassen. Nun die grünen Bohnen hinzufügen und weitere 3 bis 5 Minuten kochen, bis die Bohnen gar sind. Alles durch ein Sieb abgießen und unter kaltem Wasser abschrecken, dann das Sieb kräftig schütteln, damit die restliche Flüssigkeit gut abtropft.

2. Inzwischen für das Miso-Tahin-Dressing alle Zutaten in einer Salatschüssel mit 1 EL Wasser verquirlen.

3. Für die Kräutermandeln eine kleine Pfanne bei mittlerer Hitze erwärmen. Die Mandeln darin 6 bis 8 Minuten unter häufigem Rühren goldgelb rösten. Die Mandeln herausnehmen, grob hacken und mit dem Knoblauch, dem Schnittlauch, dem Olivenöl und einer Prise Salz in einer kleinen Schüssel vermischen.

4. Gekochte Graupen, grüne Bohnen, Sellerieringe und Apfelstifte in die Salatschüssel geben. Mit dem Dressing vermischen und abschmecken. Den Salat auf Teller verteilen, mit den Sellerieblättern (falls verwendet) bestreuen und mit den gerösteten Mandeln garniert servieren.

Für 2 Personen
Fertig in 30 Minuten

Dieses Rezept enthält alle meine Lieblingszutaten – Süßkartoffeln, Limabohnen, Grünkohl und Dijon-Senf – und ist mit minimalem Aufwand schnell zubereitet. Und der Cayennepfeffer gibt dem Ganzen dazu noch einen schönen Kick. Diese Art von pflanzenbasierten Gerichten habe ich vor mehr als zehn Jahren für mich entdeckt – es gehört also zu den Deliciously-Ella-Klassikern und hätte auch schon in eines meiner ersten Bücher gepasst.

ALLROUND-OFENGEMÜSE

2 Möhren, in kleine Stücke geschnitten
250 g Süßkartoffel, in mundgerechte Würfel geschnitten
1 kleiner Blumenkohl, in Röschen zerteilt, Blätter entfernt, zerkleinert
400 g Limabohnen (Dose), abgegossen, gespült
1 TL Paprikapulver
1 Prise Cayennepfeffer
2 EL Olivenöl
50 g Grünkohl, zerkleinert
Meersalz und schwarzer Pfeffer

FÜR DAS DRESSING
1 EL Olivenöl
1 Zitrone (Saft)
1 TL Dijon-Senf
1 TL Ahornsirup
1 Prise Cayennepfeffer

1. Den Backofen auf 200 °C (Umluft) vorheizen. Möhren, Süßkartoffeln, Blumenkohlröschen und Limabohnen auf ein Backblech geben, mit Paprikapulver, Cayennepfeffer und Salz würzen und mit etwa 1 EL Olivenöl beträufeln. Alles gut vermischen, damit das Gemüse rundum bedeckt ist, dann das Gemüse 20 bis 25 Minuten lang backen, bis es goldgelb und zart ist.

2. Inzwischen 1 EL Olivenöl über die Grünkohl- und Blumenkohlblätter träufeln und mit den Fingern gründlich einmassieren. 5 Minuten vor Ende der Garzeit die Blätter auf das Gemüse im Backofen legen und die letzten 5 Minuten mitbacken, bis der Grünkohl kross ist.

3. Währenddessen für das Dressing alle Zutaten in einer Schüssel verquirlen und nach Geschmack würzen.

4. Das Blech aus dem Ofen nehmen, etwa die Hälfte des Dressings über das Gemüse gießen und gut vermischen. Dann das Gemüse auf zwei Teller verteilen und das restliche Dressing zum Abrunden darüberträufeln.

Für 2 Personen
Fertig in 30 Minuten

Dieses Gericht könnte ein Lieblingsessen von euch werden. Es ist genauso cremig, wärmend und wohltuend wie mit Käse überbackener Blumenkohl. Die samtige Cashewsoße umhüllt das Gemüse, der Thymian verleiht ihm eine schöne Kräuternote, und die knusprigen Stückchen Sauerteigbrot machen süchtig!

BLUMENKOHL-GRATIN MIT THYMIAN

100 g Cashewkerne
600 g Blumenkohl, in kleine Röschen zerteilt
500 g Lauch, äußere Schicht entfernt, Rest in dünne Ringe geschnitten
3 EL Olivenöl, plus etwas zum Anrichten
400 ml Haferdrink
1 ½ EL Vollkornsenf
4 EL Nährhefe
1 Würfel Gemüsebrühe
150 g Sauerteigbrot, in kleine Stücke zerteilt
5 g Thymianblätter
400 g Limabohnen (Dose), abgegossen, gespült
Meersalz und schwarzer Pfeffer

1. Den Backofen auf 220 °C (Umluft) vorheizen. Die Cashewkerne in einer kleinen Schüssel 10 Minuten lang in kochendem Wasser einweichen. Danach durch ein Sieb abgießen.

2. Blumenkohlröschen, Lauchringe und 2 EL Olivenöl auf ein großes Backblech geben. Kräftig mit Salz und Pfeffer würzen und alles gut vermischen. Im Ofen 15 Minuten backen, bis das Gemüse zart und an den Rändern leicht verkohlt ist. Zwischendurch einmal umrühren.

3. Haferdrink, Senf, Nährhefe, Brühwürfel, eine Prise Salz und reichlich schwarzen Pfeffer mit den abgegossenen Cashewkernen in einem Mixer zu einer glatten Soße pürieren. Abschmecken und bei Bedarf nachwürzen.

4. In einer Schüssel die Brotstückchen mit dem restlichen Olivenöl, den Thymianblättern, einer Prise Meersalz und reichlich schwarzem Pfeffer vermengen.

5. Sobald das Gemüse fertig ist, das Blech aus dem Ofen nehmen und die Backofenhitze auf 200 °C (Umluft) reduzieren. Das Gemüse jetzt in eine kleinere Auflaufform (ca. 28 × 20 cm) geben, dann die Limabohnen und die Soße untermischen. Die Brotstückchen darüber verteilen und mit etwas Olivenöl beträufeln. Dann das Gratin weitere 10 bis 15 Minuten backen, bis das Brot goldgelb und knusprig ist.

»Dieses Rezept ergibt zwei reichliche Portionen. Wenn ihr nicht alles aufesst, könnt ihr die Reste auch gut aufbewahren. Ich decke die Form mit dem restlichen Gratin einfach mit Backfolie ab und erhitze sie wieder bei 200 °C (Umluft), bis alles blubbernd heiß ist.«

Für 2 Personen
Fertig in 15 Minuten

Ist man zu müde zum Kochen und würde am liebsten alles fallen lassen, dann ist die Versuchung groß, die gesunde Mahlzeit genau in dem Moment auszulassen, in dem wir sie am nötigsten haben. An solchen Tagen greife ich gern auf dieses Rezept zurück, denn das Pfannengemüse mit dem Bohnenpüree und den knusprigen Knoblauchmandeln gibt einem schnell die notwendige Energie, um sich wieder wohlzufühlen.

PFANNENGEMÜSE MIT BOHNENPÜREE

400 g Limabohnen (Dose)
½ Bio-Zitrone (Saft und abgeriebene Schale)
2 EL Olivenöl
2 Knoblauchzehen, geschält, in dünne Scheiben geschnitten
½ TL Chiliflocken
50 g Mandeln, grob zerkleinert
10–15 g glatte Petersilie, gehackt
150 g Spargelbrokkoli
150 g Spargel
Meersalz und schwarzer Pfeffer

1. Die Limabohnen mit der Dosenflüssigkeit in einem Mixer zu einer glatten Masse pürieren. Mit Salz, Pfeffer und dem Zitronensaft abschmecken.

2. In einer Pfanne das Olivenöl bei geringer Hitze erwärmen. Knoblauch, Chiliflocken und Mandeln darin 5 Minuten lang unter häufigem Rühren rösten, bis der Knoblauch golden ist. Die Pfanne vom Herd nehmen und die Mandeln und den Knoblauch mit Chili in eine kleine Schüssel geben. Das Öl soll in der Pfanne bleiben. Jetzt die Petersilie, die Zitronenschale und eine Prise Salz unter die Mandeln rühren und beiseitestellen.

3. Die Pfanne wieder auf den Herd stellen und das verbliebene Öl bei mittlerer Hitze erwärmen. Brokkoli und Spargel hinzufügen und 5 Minuten lang anbraten, bis sie zart und leicht angeröstet sind. Dazu das Gemüse etwa 30 Sekunden lang ungestört in der Pfanne lassen, dann durchschwenken und weiterbraten.

4. Das Bohnenpüree auf einer Servierplatte verstreichen. Darauf das geröstete Gemüse schichten, die knusprige Mandel-Chili-Mischung darauf verteilen und mit etwas Salz und Pfeffer abgeschmeckt servieren.

TIPP

Für dieses Gericht könnt ihr jedes beliebige Gemüse nehmen, allerdings sollte es als Kontrast zu dem weichen, cremigen Püree noch einen leichten Biss haben.

KAPITEL 4

PERFEKT GEPLANT –

ZWEI MAHLZEITEN AUF EINMAL

In diesem Kapitel möchte ich euch zeigen, was ihr heute tun könnt, damit euer Leben morgen leichter und entspannter wird. Schon kleine Veränderungen und einfache Gewohnheiten können nämlich dafür sorgen, dass ihr viel weniger Stress im Alltag habt und dazu noch gesunde nahrhafte Mahlzeiten zu euch nehmen könnt. Die Rezepte in diesem Kapitel sind für vier Personen berechnet, sodass ihr, wenn ihr zu zweit seid, sowohl ein köstliches Abendessen bekommt als auch ein wunderbares Mittagessen für den nächsten Tag. Oder ihr friert die Hälfte ein, dann habt ihr unter der Woche in Minutenschnelle eine gesunde Mahlzeit. Diese Gerichte sind der Inbegriff von »Healthy Made Simple« und entsprechen genau dem Grundsatz, nach dem ich lebe.

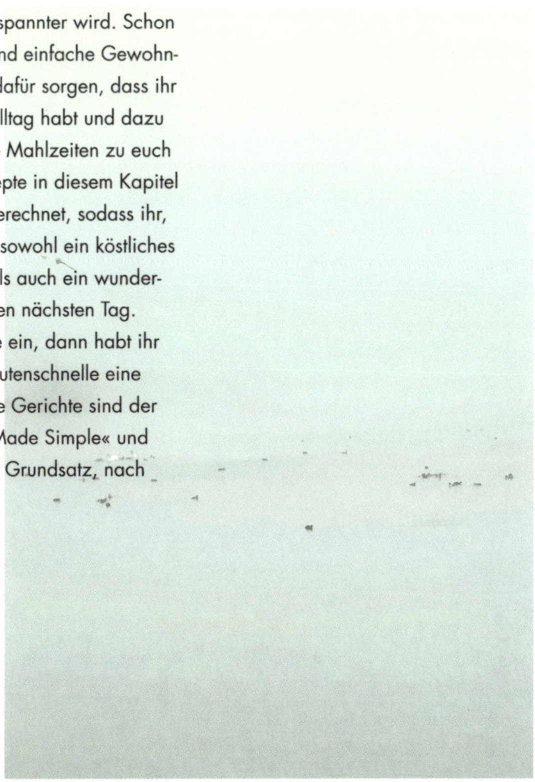

Für 4 Personen
Fertig in 30 Minuten

An Abenden, an denen ihr müde seid und wenig Lust zum Kochen habt, ist diese Suppe genau das Richtige. Sie kocht sich im Grunde von allein, die Vorbereitungszeit beträgt nur rund fünf Minuten. Sie ist wunderbar sanft und cremig, steckt voller gesunder Zutaten und ist herrlich nahrhaft. Die Reste lassen sich hervorragend einfrieren oder ergeben ein tolles 2-Minuten-Mittagessen am nächsten Tag.

SÜSSKARTOFFEL-BOHNEN-SUPPE

600 ml Gemüsebrühe
400 ml Kokosmilch (Dose)
500 g Süßkartoffeln, geschält, gewürfelt
200 g Möhren, geschält, klein geschnitten
400 g Limabohnen (Dose)
2 Knoblauchzehen, geschält, klein geschnitten
1 Zwiebel, geschält, grob zerkleinert
1 rote Chilischote, halbiert, entkernt
4 EL Kokos Natur (Joghurt-Alternative)
Meersalz und Pfeffer
knuspriges Brot zum Anrichten

1. In einem großen Topf Gemüsebrühe und Kokosmilch bei mittlerer Hitze zum Kochen bringen, dann Süßkartoffeln, Möhren, Limabohnen, Knoblauch, Zwiebeln und die Hälfte der Chilischote hinzufügen. Den Deckel aufsetzen, die Hitze reduzieren und alles 20 Minuten weich kochen.

2. Mit einem Stabmixer oder in einem normalen Mixer die Suppe pürieren (Achtung: Die Suppe darf nicht mehr kochen, sonst geht der Mixer kaputt!) und mit Salz und einer kräftigen Prise Pfeffer abschmecken.

3. Die andere Hälfte der Chilischote in dünne Halbmonde schneiden, die Suppe in Bowls füllen, je 1 EL Kokosjoghurt durchziehen, mit den roten Chilistückchen bestreuen und mit etwas Salz und einer kräftigen Prise Pfeffer würzen.

»Statt der Süßkartoffeln könnt ihr auch mehr Möhren und einen beliebigen Kürbis verwenden, je nachdem, was ihr vorrätig habt.«

Für 4 Personen
Fertig in 20 Minuten

Diese nahrhafte grüne Suppe kann euch am Ende eines langen Tages wieder etwas Energie schenken. Die Walnüsse und Erbsen liefern Eiweiß und gesunde Fette und sorgen zusammen mit Schnittlauch, Lauch und Knoblauch für einen köstlichen Geschmack. Man kann die Suppe einfach so essen, wie sie ist, aber die Nusscroûtons geben ihr den besonderen Pepp. Ihr könnt das Topping natürlich auch weglassen und einfach ein getoastetes Sauerteigbrot dazu reichen.

BROKKOLI-ERBSEN-SUPPE MIT NUSSCROÛTONS

FÜR DIE NUSSCROÛTONS
30g Kürbiskerne
30g Walnusskerne
2 Scheiben Sauerteigbrot, klein geschnitten
1 EL Olivenöl
10–15g Schnittlauch, fein geschnitten
1 Prise Chiliflocken

FÜR DIE SUPPE
2 EL Olivenöl
2 Lauchstangen, geputzt, in Ringe geschnitten
2 Knoblauchzehen, geschält, fein gehackt
1 Lorbeerblatt
400g Brokkoli, in Röschen zerteilt, Stiel in dünne Scheiben geschnitten
30g Walnusskerne
1,2 l heiße Gemüsebrühe
150g TK-Erbsen, aufgetaut
10–15g Schnittlauch, grob geschnitten
Meersalz und schwarzer Pfeffer

1. Den Backofen auf 180 °C (Umluft) vorheizen und die Croûtons zubereiten. Dazu Kürbiskerne, Walnüsse und Brotstückchen auf ein Backblech geben und mit dem Olivenöl beträufeln. Im Ofen 8 bis 10 Minuten goldgelb backen, zwischendurch einmal umrühren. In eine Schüssel geben und nach dem Abkühlen Schnittlauch, Chiliflocken und eine Prise Meersalz unterrühren.

2. Inzwischen für die Suppe das Olivenöl in einem großen Topf bei mittlerer Hitze erwärmen. Lauch, Knoblauch und Lorbeerblatt hinzufügen und 10 Minuten lang unter häufigem Rühren dünsten, bis der Lauch weich ist, aber noch keine Farbe angenommen hat.

3. Nun Brokkoli, Walnusskerne und die Gemüsebrühe in den Topf geben und darauf achten, dass der Brokkoli vollständig bedeckt ist. Alles zum Kochen bringen, dann die Hitze leicht reduzieren und 4 bis 5 Minuten köcheln lassen, bis der Brokkoli gar ist, aber noch etwas Biss hat.

4. Den Topf vom Herd nehmen und das Lorbeerblatt entfernen. Die Erbsen hinzufügen und die Suppe mit einem Stabmixer oder in einem Mixer glatt pürieren.

5. Die Suppe mit Salz und Pfeffer abschmecken. Auf Bowls verteilen und die Nusscroûtons darübergeben.

»Ihr könnt zur Abwechslung den Lauch auch durch Zwiebeln oder Schalotten, den Schnittlauch durch Minze oder Petersilie und die Walnüsse durch Mandeln ersetzen.«

Für 4 Personen
Fertig in 30 Minuten

Linsen, Pilze, salziges Tamari (oder Soja), Knoblauch und Spinat – und schon habt ihr ein leichtes, nahrhaftes Gericht, das fix gekocht ist. Ich nehme diese würzige Suppe gern zum Lunch in die Arbeit mit, entweder in einem Thermobehälter oder ich wärme sie schnell in der Mikrowelle auf. Der kleine Klecks zitroniges Basilikumpesto rundet das Gericht perfekt ab und verleiht ihm einen schönen grünen Touch.

LINSEN-PILZ-SUPPE MIT ZITRONENPESTO

- 2 EL Olivenöl, plus etwas zum Anrichten
- 2 Zwiebeln, geschält, fein gewürfelt
- 2 Stangen Staudensellerie, gewürfelt
- 3 Knoblauchzehen, geschält, fein geschnitten oder gerieben
- 125 g Champignons, in Scheiben geschnitten
- 800 g braune Linsen (Dose), abgegossen, gespült
- 1 l heiße Gemüsebrühe
- 1–2 TL Sojasoße oder Tamari
- 4 EL Basilikumpesto
- ½ Zitrone (Saft)
- 150 g Babyspinat, grob gehackt
- Meersalz und schwarzer Pfeffer

1. In einem großen Topf das Olivenöl bei mittlerer Hitze erwärmen. Zwiebeln, Sellerie, Knoblauch und eine große Prise Salz hinzugeben und 10 Minuten andünsten, bis alles weich (aber nicht braun) geworden ist.

2. Jetzt die Hitze erhöhen und die Pilze hinzufügen und 5 Minuten lang anbraten, bis sie weich sind.

3. Linsen, heiße Gemüsebrühe und die Sojasoße oder Tamari hinzufügen und mit Salz und Pfeffer abschmecken. Alles kurz aufkochen lassen, dann die Hitze leicht reduzieren und 10 Minuten weiterköcheln lassen, bis die Flüssigkeit um ein Drittel reduziert ist.

4. Inzwischen das Pesto mit Zitronensaft und einem Spritzer Olivenöl in einer kleinen Schüssel zu einer leichten Soße verrühren.

5. Den Spinat in die Suppe rühren. Wenn er zusammengefallen ist, die Suppe auf die Bowls verteilen und jeweils einen Klecks vom Zitronenpesto darauf verteilen.

TIPP
Wer einen Hauch Schärfe mag, streut einfach noch ein paar Chiliflocken auf die Suppe.

»Ihr könnt das Gemüse durch jedes andere Blattgemüse ersetzen, das gerade Saison hat, z. B. Spinat, Grünkohl oder Weißkohl.«

Für 4 Personen
Fertig in 30 Minuten

Diese kräftige, stückige Gemüsesuppe ist ein ideales Abendessen unter der Woche und dazu, wie ich finde, eine wahre Wohltat für den Gaumen. Und mit ihren fünf verschiedenen Gemüsesorten samt den weißen Bohnen hat sie für die Gesundheit viel zu bieten. Reste davon schmecken sogar besonders gut, wenn sie länger durchziehen, da sich die Aromen dann so richtig entfalten.

GEMÜSESUPPE MIT KNOBLAUCHCROÛTONS

2 EL Olivenöl, plus etwas zum Anrichten
2 Zwiebeln, geschält, gewürfelt
2 Möhren, gewürfelt
2 Stangen Staudensellerie, gewürfelt
3 Knoblauchzehen, geschält, fein geschnitten oder gerieben
1 Lorbeerblatt
400 g Tomaten (Dose), stückig
800 g weiße Bohnen (Dose, z. B. Lima- oder Cannellini-Bohnen)
1 Würfel Gemüsebrühe
200 g Saisongemüse (oder Grünkohl, Spinat, Palmkohl), grob geschnitten
Meersalz und schwarzer Pfeffer

FÜR DIE KNOBLAUCH-CROÛTONS
2 dicke Scheiben Sauerteigbrot
1 große Knoblauchzehe, geschält
1 TL Olivenöl
30 g Pinienkerne

1. In einem großen Topf das Olivenöl bei mittlerer Hitze erwärmen. Zwiebeln, Möhren, Sellerie und eine Prise Salz hinzufügen und 10 Minuten weich dünsten, sie sollten aber keine Farbe annehmen. Den Knoblauch hinzugeben und 2 bis 3 Minuten mitdünsten, bis er duftet.

2. Nun das Lorbeerblatt, die stückigen Tomaten, die Bohnen mit der Flüssigkeit aus den Dosen hinzufügen. Dazu 800 ml kochendes Wasser gießen. Kräftig mit Salz und Pfeffer würzen. Kurz aufkochen lassen, dann die Hitze etwas reduzieren und alles 10 Minuten köcheln lassen, bis die Flüssigkeit um etwa ein Viertel eingekocht ist.

3. Für die Knoblauchcroûtons die Brotscheiben toasten und mit der rohen Knoblauchzehe beidseitig einreiben, dann jede Brotscheibe in mundgerechte Stücke schneiden. In einer Pfanne Olivenöl, Pinienkerne und Brot bei mittlerer Hitze 4 bis 5 Minuten goldgelb anbraten. Anschließend mit Salz und Pfeffer würzen.

4. Die Suppe vom Herd nehmen und etwa ein Drittel der weißen Bohnen mit einem Kartoffelstampfer grob zerdrücken – dadurch wird die Suppe etwas dicker. Den Topf wieder auf den Herd stellen, das Saisongemüse dazugeben und bei schwacher Hitze mit aufgesetztem Deckel einige Minuten garen, bis das Gemüse weich ist.

5. Die Suppe auf Bowls verteilen und mit den Knoblauchcroûtons, einem Spritzer Olivenöl und etwas schwarzem Pfeffer gewürzt servieren.

Für 4 Personen
Fertig in 30 Minuten

Seit gut zehn Jahren bereite ich diese Kurzversion der Linsenbolognese zu, die dann in die Tiefkühltruhe wandert und unter der Woche ein schnelles Essen ergibt. Ein Glas Tomatensoße bringt gleich den richtigen Geschmack, pürierte Kichererbsen machen sie stückiger und herzhafter, und Miso verleiht ihr eine besondere geschmackliche Tiefe. Ihr könnt dazu Nudeln, Pellkartoffeln oder ein Getreide reichen – entweder Reis, Graupen oder Quinoa – und als Beilage einen einfachen grünen Salat.

LINSEN-TOMATEN-BOLOGNESE

- 2 EL Olivenöl
- 1 Zwiebel, geschält, gewürfelt
- 2 Stangen Staudensellerie, gewürfelt
- 2 mittelgroße Möhren, gewürfelt
- 2 Knoblauchzehen, geschält, zerdrückt oder gerieben
- 400 g Kichererbsen (Dose), abgegossen, gespült
- 400 g Linsen (Dose), abgegossen, gespült
- 350 g Tomatensoße (Glas, Tomaten-Basilikum oder Arrabiata)
- 300 ml heiße Gemüsebrühe
- 1 EL Vollkornreis-Misopaste
- 1 TL Ahornsirup
- ½ Zitrone (Saft)
- Meersalz und schwarzer Pfeffer

1. In einem großen flachen Topf das Olivenöl auf mittlerer Hitze erwärmen. Zwiebeln, Sellerie- und Möhrenwürfel sowie eine große Prise Salz hinzufügen und 10 Minuten weich dünsten, dann den Knoblauch dazugeben und 1 Minute weiterdünsten.

2. Nun Kichererbsen, Linsen, Tomatensoße, Brühe, Misopaste und Ahornsirup hinzufügen. Alles kurz aufkochen, dann die Hitze reduzieren und die Bolognese 10 Minuten lang köcheln lassen, bis der größte Teil der Flüssigkeit eingekocht und das Gemüse weich ist.

3. Den Topf vom Herd nehmen und das Gemüse vorsichtig mit einem Kartoffelstampfer oder einer Gabel zerdrücken. Die Kichererbsen sollten etwa die Größe der Linsen bekommen. Die Soße sollte insgesamt so dick werden, dass man sie mit Nudeln oder mit Pellkartoffeln gut aufnehmen kann.

4. Den Zitronensaft unterrühren und mit Salz und Pfeffer abschmecken. Nach Belieben zu Nudeln, Getreide oder Kartoffeln reichen.

»Die Reste einfach bei mittlerer Hitze in einem Topf erwärmen und dabei häufig umrühren, damit die Soße nicht ansetzt. Wenn sie euch zu dick vorkommt, gebt einfach noch etwas heißes Wasser hinzu und rührt kräftig um, bis die Soße durchgewärmt ist.«

TIPP

Ich bereite oft eine größere Menge der Bolognese zu, rühre dann einfach eine Portion davon unter ein paar Nudeln und fülle alles in einen Thermobehälter, den meine Mädchen als Lunchbox mitnehmen können.

Für 4 Personen
Fertig in 30 Minuten

Hier kommt ein einfaches Familien-Lieblingsessen, das ihr im Handumdrehen und ohne viel Aufwand zubereiten könnt. Gerichte mit Orzo-Nudeln sind ein hervorragender Risotto-Ersatz, denn sie haben die gleiche cremige Konsistenz, sind aber viel schneller gekocht und ohne lästiges Rühren – also perfekt für Tage, an denen man viel Arbeit und wenig Zeit hat. Dieses Gericht schmeckt im Sommer am besten, wenn die Tomaten besonders saftig und geschmacksintensiv sind.

TOMATEN-BASILIKUM-ORZO

1 EL Olivenöl
2 Schalotten oder 1 Zwiebel, geschält, klein geschnitten
4 Knoblauchzehen, geschält, zerdrückt
400 g Kirschtomaten, halbiert
300 g Orzo-Nudeln
300 ml heiße Gemüsebrühe
400 g Eiertomaten (Dose)
400 ml Kokosmilch (Dose)
400 g Limabohnen (Dose), abgegossen, gespült
1 Bio-Zitrone (Saft und abgeriebene Schale)
1 TL Ahornsirup
50 g Basilikum, gehackt
Meersalz und schwarzer Pfeffer

1. In einer mittelgroßen Pfanne das Olivenöl bei mittlerer Hitze erwärmen und die Schalotten unter häufigem Rühren 5 Minuten lang andünsten, bis sie anfangen, weich zu werden.

2. Nun Knoblauch und Kirschtomaten hinzufügen und weitere 2 Minuten andünsten. Dann die Orzo-Nudeln, die Brühe, die Eiertomaten und die Kokosmilch dazugeben. Die Eiertomaten mit dem Rücken eines Holzlöffels vorsichtig zerkleinern und das Ganze kurz aufkochen lassen, dann die Hitze reduzieren und 15 bis 17 Minuten lang köcheln lassen, bis die Orzo-Nudeln gar sind, das Gericht köstlich cremig geworden und die überschüssige Flüssigkeit aufgesogen ist.

3. Jetzt die Limabohnen untermischen und 2 Minuten lang in der Soße erwärmen. In der letzten Minute Zitronenschale und -saft, Ahornsirup und Basilikum dazugeben und das Ganze mit viel Salz und Pfeffer abschmecken.

»Dieses Gericht eignet sich hervorragend zum Kochen auf Vorrat. Die Reste davon schmecken köstlich und können (entweder in der Mikrowelle oder auf dem Herd) einfach mit ein wenig Gemüsebrühe aufgelockert werden.«

Für 4 Personen
Fertig in 30 Minuten

Dieses Curry-Gericht ist ganz einfach in der Zubereitung: Ihr müsst lediglich die Champignons putzen und schneiden, die Schalotten und den Knoblauch schälen, den Ingwer schälen und klein schneiden. Das war's! Die Jalapeño-Schoten, der Ingwer, die kräftige Dosis Limette und der frische Koriander machen das supergesunde Gericht außerdem herrlich aromatisch. Ihr werdet davon begeistert sein.

ERBSEN-PILZ-CURRY

1 EL Olivenöl
400 g Pilze (z. B. Champignons oder andere), geputzt, dünn geschnitten
400 ml Kokosmilch (Dose)
200 g TK-Erbsen
400 g Kichererbsen (Dose), abgegossen, gespült
Meersalz und schwarzer Pfeffer

FÜR DIE CURRYPASTE
50 g Koriander
80 g Ingwer, geschält, klein geschnitten
2 Knoblauchzehen, geschält
2 Schalotten, geschält
2 grüne Jalapeño-Chilischoten
2 Bio-Limetten (abgeriebene Schale von 1 Limette, Saft von 2)
50 ml Wasser

ZUM ANRICHTEN
1 Bio-Limette, in Spalten geschnitten

1. In einer tiefen Pfanne das Olivenöl bei mittlerer bis hoher Hitze erwärmen. Die Pilze mit einer Prise Salz darin 5 Minuten lang braten, bis sie weich sind.

2. Inzwischen für die Currypaste alle Zutaten mit etwas Salz und Pfeffer in einer Küchenmaschine zu einer cremigen Paste pürieren (ich verwende einen Mini-Zerkleinerer – er ist einfacher zu bedienen als eine große Küchenmaschine).

3. Sobald die Pilze weich sind, die Currypaste dazugeben und unter ständigem Rühren weitere 2 Minuten kochen, dann die Kokosmilch und die Kichererbsen hinzufügen. Kurz aufkochen lassen, anschließend die Hitze reduzieren und alles 10 bis 15 Minuten köcheln lassen, bis etwa ein Drittel der Flüssigkeit verkocht ist.

4. In den letzten 2 Minuten die Erbsen zum Curry geben, dann nach Belieben abschmecken und mit einer Limettenspalte anrichten.

»Anstelle der oben genannten könnt ihr auch andere schnell kochende Gemüsesorten und Eiweißlieferanten verwenden wie zum Beispiel Tofu, Pak Choi oder andere Gemüsesorten und Edamame. Wurzelgemüse eignen sich nicht dafür, da sie viel mehr Zeit zum Garen brauchen.«

Für 4 Personen
Fertig in 30 Minuten

Für Freunde und Familie koche ich das Gericht besonders gern, denn es liefert maximalen Geschmack bei minimalem Aufwand. Ich werfe einfach alle Zutaten in einen kleinen Blitzhacker und zerkleinere sie so fein, dass sie eine wunderbare Ragout-Soße für die Spaghetti ergeben. Probiert es mal aus, es ist ein echter Hit.

AUBERGINEN-TOMATEN-RAGOUT

100 g Walnusskerne, fein gehackt
1 EL Olivenöl
1 Zwiebel, geschält, im Blitzhacker zerkleinert oder sehr fein gehackt
2 Auberginen, im Blitzhacker zerkleinert oder sehr fein gewürfelt
50 g Petersilie
300 g Nudeln (z. B. Spaghetti oder Tagliolini)
Meersalz und Pfeffer

FÜR DIE SOSSE
4 Knoblauchzehen, geschält
2 EL Harissapaste
1 rote Chilischote
1 Zitrone (Saft)
120 g getrocknete Tomaten (Glas)

»Die Auberginen sollten unbedingt in nur 1 cm große oder sogar noch kleinere Stücke geschnitten werden – sonst werden sie nicht schnell genug weich und man erhält nicht das gewünschte Aroma und die richtige Konsistenz.«

1. In einer Pfanne die Walnusskerne bei starker Hitze etwa 3 Minuten lang unter Rühren anrösten, dann in einer kleinen Schüssel beiseitestellen.

2. In derselben Pfanne für das Ragout das Olivenöl bei mittlerer Hitze erwärmen, dann Zwiebeln und Auberginenstücke mit etwas Salz darin 5 Minuten lang andünsten, bis sie beginnen, weich zu werden.

3. Inzwischen in der Küchenmaschine Knoblauch, Harissapaste, Chilischote, getrocknete Tomaten mit 3 EL Olivenöl aus dem Tomatenglas und Zitronensaft zu einer dicken, stückigen Soße pürieren oder (ohne Küchenmaschine) einfach alles von Hand sehr klein schneiden und zusammenrühren. Die Soße zu den Auberginen geben und zusammen etwa 10 Minuten bei geringer Hitze köcheln lassen, bis das Gemüse schön weich und die Soße schmackhaft ist.

4. Währenddessen die Nudeln in einem Topf mit kochendem Salzwasser nach Packungsanweisung garen. Sobald die Nudeln fertig sind, durch ein Sieb abgießen, dabei 150 ml Nudelwasser auffangen und unter das Ragout rühren.

5. Nun die abgegossenen Nudeln, die gerösteten Walnusskerne und die Petersilie unter das Ragout rühren und alles etwa 1 Minute lang erhitzen. Nach Belieben abschmecken und mit viel schwarzem Pfeffer angerichtet servieren.

Für 4 Personen
Fertig in 30 Minuten

Für dieses Gericht kann man jede Menge Gemüse verwenden, daher serviere ich es sehr gern für meine Familie. Außerdem lässt sich mit den Resten in Minutenschnelle eine gesunde Mahlzeit auf den Tisch zaubern (was bei mir oft nötig ist!). Das Rezept verkörpert perfekt das Thema dieses Buches: einfache Zutaten, die man schnell zu einem gesunden und köstlichen Gericht verarbeiten kann.

SPINAT-ORZO-EINTOPF

2 EL Olivenöl,
plus etwas zum Anrichten
2 Lauchstangen, in dünne Ringe geschnitten
1 Zwiebel, geschält,
in dünne Streifen geschnitten
3 Knoblauchzehen, geschält,
zerdrückt oder gerieben
200 g Spinat
400 ml Kokosmilch (Dose)
3 EL Basilikumpesto,
plus etwas zum Anrichten
300 g Orzo-Nudlen
400 ml heiße Gemüsebrühe
150 g TK-Erbsen
1 Bio-Zitrone (Saft und abgeriebene Schale)
Meersalz und schwarzer Pfeffer

1. In einem großen Topf das Olivenöl bei mittlerer Hitze erwärmen. Dann Lauchringe, Zwiebeln, Knoblauch und eine große Prise Salz 10 Minuten lang darin weich dünsten, sie sollten aber noch keine Farbe annehmen.

2. Inzwischen die Hälfte des Spinats mit der Kokosmilch und dem Pesto in einer Schüssel zu einer glatten grünen Soße pürieren.

3. Die Orzo-Nudeln zum Lauch in den Topf geben und 1 Minute lang umrühren, damit sie vom gedünsteten Gemüse ganz umhüllt sind, erst dann die Gemüsebrühe und die Spinatsoße hinzufügen. Kräftig würzen.

4. Nun die Spinat-Orzo-Nudeln zum Kochen bringen, dann die Hitze reduzieren, einen Deckel aufsetzen und die Nudeln 8 bis 10 Minuten köcheln lassen, dabei etwa alle 5 Minuten umrühren, damit sie nicht am Topfboden ansetzen.

5. Den restlichen Spinat grob schneiden und zusammen mit den Erbsen unter die Orzo-Mischung rühren, bis der Spinat leicht zusammenfällt, dann Zitronensaft und Zitronenschale hinzufügen. Den Spinat-Orzo-Eintopf abschmecken und mit einem Spritzer Olivenöl und nach Belieben mit einem weiteren Löffel Pesto angerichtet servieren.

»Die Zitronenschale und den Saft am besten erst kurz vor dem Servieren hinzufügen – so bleibt die Farbe der Soße schöner.«

Für 4 Personen
Fertig in 30 Minuten

Wer ein einfaches, herzhaftes Rezept sucht, wird von diesem Ofengemüse sicher begeistert sein. Außerdem eignen sich die Reste davon perfekt für die Lunchbox am nächsten Tag. Ich peppe sie gern mit ein paar Avocadoscheiben, einer Handvoll Rucola, einem Spritzer Zitrone und viel Meersalz auf.

OFENGEMÜSE MIT PUY-LINSEN

- 1 Blumenkohl, harte äußere Blätter entfernt, in kleine Röschen zerteilt
- 2 Fenchelknollen, längs halbiert und in Spalten (1 cm) geschnitten, das Grün aufbewahrt
- 500 g Kirschtomaten
- 150 ml Olivenöl
- 1 Knoblauchzehe, geschält, zerdrückt oder gerieben
- 1 Bio-Zitrone (Saft und abgeriebene Schale)
- ½ TL Thymian, getrocknet
- ½ TL Oregano, getrocknet
- 30 g Basilikum, Blätter fein gehackt
- 500 g Puy-Linsen, vorgekocht
- Meersalz und schwarzer Pfeffer

1. Den Backofen auf 190 °C (Umluft) vorheizen.

2. In einer mittelgroßen Schüssel den Blumenkohl, den Fenchel und die Kirschtomaten mit 2 EL Olivenöl, einer großen Prise Salz und etwas schwarzem Pfeffer vermischen und anschließend auf ein großes Backblech verteilen. Das Gemüse sollte nicht übereinanderliegen, damit es gut röstet. Also lieber zwei Backbleche nehmen, wenn das vorhandene Blech nicht groß genug ist. Das Gemüse im vorgeheizten Ofen 25 Minuten lang rösten, bis alles zart ist, aber noch Biss hat, und an den Rändern leicht verkohlt ist.

3. Für das Dressing in einer Schüssel die restlichen 120 ml Olivenöl, Knoblauch, Zitronenschale und -saft, Thymian, Oregano und Basilikum verquirlen und mit Salz und Pfeffer abschmecken. In einer weiteren Schüssel die Hälfte des Dressings mit den Linsen vermengen und den Rest beiseitestellen.

4. Sobald das Ofengemüse fertig gegart ist, die Linsen unterrühren, alles mit dem restlichen Dressing beträufeln und mit Salz und Pfeffer abschmecken.

»Das Besondere an diesem Rezept ist, dass man den Blumenkohl gegen Auberginen, Romanesco oder Brokkoli austauschen und statt der Puy-Linsen auch Beluga-Linsen, Wildreis oder Vollkorn-Freekeh nehmen kann – im Grunde genommen alles, was man gerade im Haus hat!«

Für 4 Personen
Fertig in 30 Minuten

Kochen auf Vorrat bietet auch den Vorteil, dass die Gerichte umso aromatischer werden, je länger sie durchziehen. Das gilt auch für diesen Schwarze-Bohnen-Eintopf. Er ist angenehm würzig durch die Harissapaste, dazu leicht süßlich durch die Kokosmilch. Die Aubergine sorgt für eine herzhafte Substanz, und die Bohnen sättigen nachhaltig. So erhält man ein leichtes Abendessen oder mit Jasminreis, Backkartoffeln oder gerösteten Blumenkohlröschen eine richtige Wohlfühl-Mahlzeit.

SCHWARZE-BOHNEN-HARISSA-EINTOPF

- 1 EL Olivenöl
- 2 Schalotten, geschält, halbiert, fein geschnitten
- 1 Aubergine, gewürfelt (1 cm)
- 4 Knoblauchzehen, geschält, zerdrückt
- 400 g schwarze Bohnen (Dose), abgegossen, gespült
- 3 EL Harissapaste, plus etwas zum Anrichten
- 400 ml Kokosmilch (Dose)
- 400 ml heiße Gemüsebrühe
- 2 EL Mandelmus, cremig
- 2 TL Ahornsirup
- 2 Bio-Limetten (Saft und abgeriebene Schale)
- Meersalz und schwarzer Pfeffer

1. In einer großen Bratpfanne das Olivenöl bei mittlerer Hitze erwärmen. Schalotten, Auberginen sowie eine Prise Salz dazugeben und 5 Minuten darin anbraten. Knoblauch, schwarze Bohnen und Harissapaste hinzufügen und 2 Minuten braten, bis alles aromatisch duftet.

2. Nun Kokosmilch, Brühe, Mandelmus und Ahornsirup unterrühren. Alles zum Kochen bringen, dann einen Deckel aufsetzen und die Hitze reduzieren. 15 Minuten köcheln lassen, bis die Soße eingedickt ist.

3. Zum Schluss Limettensaft und -schale unterrühren und mit Salz und Pfeffer abschmecken. Vor dem Servieren nach Belieben 1 EL Harissapaste grob darin verteilen (falls ihr es etwas schärfer mögt).

»Auch meine Mädchen lieben diesen Bohnen-Eintopf. Wenn ich das Gericht für die Familie koche, lasse ich die Harissapaste erst einmal weg und würze später nur die Portionen für die Erwachsenen damit, wenn die Kinderteller bereits gefüllt sind.«

TIPP

Für knusprigen Blumenkohl einfach den Kopf in kleine Röschen zerteilen und diese mit etwa 1 EL Olivenöl vermischt auf ein Backblech geben und leicht salzen. Dann im vorgeheizten Backofen bei 200 °C (Umluft) 20 bis 25 Minuten goldbraun und knusprig rösten.

Für 4 Personen
Fertig in 30 Minuten

Für das Original dieses beliebten Rezepts, das ich einmal für eine Netflix-Sendung zubereitet habe, braucht man knapp 20 Zutaten und rund 1 Stunde Zubereitungszeit. Deshalb habe ich diese Variante entwickelt, die mittlerweile bei uns zum Standardprogramm gehört. Die Kichererbsen liefern reichlich Eiweiß und sind neben Blumenkohl, Paprika, Zwiebeln und Knoblauch eine von fünf verschiedenen pflanzlichen Zutaten.

BLUMENKOHL-KICHERERBSEN-CURRY

- 1 Blumenkohl, in kleine Röschen zerteilt
- 2 rote Paprikaschoten, entkernt, in Streifen geschnitten
- 2 TL Currypulver (mild oder mittelscharf)
- 2 EL Olivenöl
- 1 rote Zwiebel, geschält, fein geschnitten
- 4 Knoblauchzehen, geschält, zerdrückt oder gerieben
- 2 Chilischoten, fein geschnitten
- 400 ml Kokosmilch (Dose)
- 400 g Kichererbsen (Dose), abgegossen, gespült
- 1 EL Ahornsirup
- 2 Bio-Limetten (1 in Spalten geschnitten, 1 ausgepresst)
- Meersalz und schwarzer Pfeffer

1. Den Backofen auf 220 °C (Umluft) vorheizen. In einer Schüssel Blumenkohl, Paprika und Currypulver mit 1 EL Olivenöl und einer Prise Salz vermischen. Mir gelingt es am besten mit den Händen, alles gleichmäßig zu verteilen. Das Gemüse auf einem Backblech 20 bis 25 Minuten goldbraun rösten.

2. Inzwischen in einem Topf mit massivem Boden 1 EL Olivenöl bei mittlerer Hitze erwärmen. Zwiebeln, Knoblauch und Chili darin 10 Minuten anbraten, bis sie weich und glasig sind.

3. Nun Kokosmilch, Kichererbsen und Ahornsirup hinzufügen, leicht aufkochen lassen und 10 bis 15 Minuten (oder bis das Röstgemüse gar ist) köcheln lassen. Dann das Gemüse aus dem Backofen nehmen und unter die Soße heben. Zum Schluss den Limettensaft dazugeben und das Curry mit Salz und Pfeffer abschmecken.

4. Mit den restlichen Limettenspalten garniert servieren.

Für 4 Personen
Fertig in 20 Minuten

Als mein Mann Matthew und ich 2019 kurz vor der Geburt unserer ersten Tochter in Marokko waren, genoss ich meine erste Tajine. Bei diesem Gericht harmonierten die Aromen so perfekt, dass ich nach unserer Heimkehr unbedingt etwas Ähnliches kreieren wollte. Hier kommt sie also, meine Tajine für zu Hause – im Handumdrehen in einem einzigen Topf zubereitet und wunderbar reichhaltig im Geschmack. Als Beilage serviere ich dazu gern einen einfachen grünen Salat.

GEMÜSE-APRIKOSEN-TAJINE

2 EL Olivenöl
2 rote Zwiebeln, geschält, in kleine Spalten geschnitten
4 Möhren, klein gewürfelt
2 Zucchini, halbiert, in dünne Scheiben geschnitten
2 TL Kreuzkümmel, gemahlen
2 TL Zimt, gemahlen
800 g Kichererbsen (Dose), abgegossen, gespült
800 g Tomaten (Dose), stückig
150 g getrocknete Aprikosen, grob zerkleinert
700 ml Gemüsebrühe
230 g Perl-Couscous
2 EL Harissapaste
Meersalz und schwarzer Pfeffer

1. In einem großen Topf das Olivenöl bei mittlerer Hitze erwärmen. Zwiebeln, Möhren und Zucchini darin 5 Minuten anbraten, bis das Gemüse leicht Farbe annimmt und mürbe wird.

2. Nun Kreuzkümmel und Zimt dazugeben und 30 Sekunden rösten, bis es aromatisch duftet. Kichererbsen, Tomatenstücke, getrocknete Aprikosen und die Gemüsebrühe hinzufügen und alles zum Kochen bringen.

3. Den Couscous dazugeben und 8 bis 10 Minuten kochen lassen, bis Gemüse und Couscous gar sind.

4. Zum Schluss die Harissapaste unterrühren und die Tajine mit Salz und Pfeffer abschmecken.

Für 4 Personen
Fertig in 30 Minuten

Dieses Curry ist sehr vielseitig, sodass ihr es als Grundrezept verwenden und nach Belieben mit allem variieren könnt, was euer Kühlschrank gerade hergibt, zum Beispiel Zucchini und Erbsen oder Tofu und Kichererbsen. Zum Anrichten wird es mit gerösteten Cashews bestreut, die für leckeren Biss sorgen.

GRÜNE-BOHNEN-CASHEW-CURRY

- 1 EL Garam Masala
- 2 EL Olivenöl
- 2 Zwiebeln, geschält, fein geschnitten
- 2 Knoblauchzehen, geschält, gerieben oder fein gehackt
- 30g Ingwer, geschält, fein geraspelt oder gehackt
- 2–3 Birdeye-Chilischoten, fein geschnitten
- 400ml Kokosmilch (Dose)
- 200g grüne Bohnen, geputzt
- 200g TK-Erbsen, aufgetaut
- 100g Babyspinat
- 30g Cashewkerne
- Meersalz und schwarzer Pfeffer

1. Eine kleine Pfanne bei mittlerer Hitze erwärmen und Garam Masala darin etwa 30 Sekunden rösten, bis es duftet. In eine Schüssel geben und beiseitestellen.

2. In einer flachen Kasserolle oder Pfanne das Olivenöl bei mittlerer Hitze erwärmen. Zwiebeln, Knoblauch, Ingwer und Chili darin mit einer Prise Salz 10 Minuten unter häufigem Rühren anbraten, bis alles weich und glasig ist.

3. Nun das geröstete Garam Masala, die Kokosmilch, grob gemahlenen schwarzen Pfeffer und die grünen Bohnen hinzufügen. Die leere Kokosmilchdose zur Hälfte mit Wasser füllen und dazugießen. Mit Salz abschmecken und alles zum Kochen bringen, dann die Hitze reduzieren und das Curry 8 bis 10 Minuten köcheln lassen, bis die Bohnen al dente sind und die Flüssigkeit zur Hälfte eingekocht ist.

4. Währenddessen die kleine Pfanne bei geringer bis mittlerer Hitze wieder auf den Herd stellen. Die Cashewkerne darin 6 bis 8 Minuten rösten. Dabei häufig wenden, bis sie rundum goldbraun sind. Die Pfanne vom Herd nehmen, die Cashews etwas abkühlen lassen und anschließend grob zerkleinern.

5. Die Erbsen und den Spinat zum Curry geben, bis der Spinat leicht zusammenfällt und die Erbsen durchgewärmt sind. Abschmecken und bei Bedarf nachwürzen. Mit den Cashewkernen bestreut servieren. Nach Belieben noch etwas Chili hinzufügen, wenn ihr es schärfer mögt.

»Um für etwas mehr Farbe zu sorgen, könnt ihr in Schritt 3 zusammen mit der Kokosmilch und den grünen Bohnen 1 TL Kurkumapulver hinzufügen.«

Für 4 Personen
Fertig in 30 Minuten

Hat man Lust auf ein unkompliziertes, sättigendes Wohlfühlessen, ist Dal meiner Meinung nach die beste Wahl. Da das Aroma mit der Zeit intensiver und reichhaltiger wird, sind die Reste davon immer besonders beliebt. Hier findet ihr eine schnelle, einfache Variante, die immer gut ankommt.

ROTE-LINSEN-DAL

2 EL Olivenöl
1 TL Kreuzkümmel, ganz
1 Lorbeerblatt
2 Zwiebeln, geschält, fein geschnitten
1–2 rote oder grüne Chilischoten, fein geschnitten (oder 1–2 TL Chiliflocken)
2 Knoblauchzehen, geschält, zerdrückt oder gerieben
30 g Ingwer, geschält, geraspelt
300 g rote Linsen, gespült
½ TL Kurkuma, gemahlen
1 Zitrone (Saft)
10–25 g Koriander, Blättchen abgezupft (optional)
Meersalz und schwarzer Pfeffer

1. In einem großen Topf das Olivenöl bei mittlerer Hitze erwärmen. Kreuzkümmel und Lorbeerblatt darin 30 Sekunden anbraten, bis es aromatisch duftet. Dann Zwiebeln, Chili, Knoblauch, Ingwer und eine große Prise Salz dazugeben. 10 Minuten anbraten, dabei gelegentlich rühren, bis die Zwiebeln weich und glasig sind.

2. Nun die Linsen mit Kurkuma und 900 ml kochendem Wasser dazugeben. Alles zum Kochen bringen, einen Deckel aufsetzen und die Linsen 15 bis 20 Minuten köcheln lassen, bis sie schön weich sind, dabei gelegentlich umrühren, damit die Linsen nicht anhaften. Nach Belieben abschmecken.

3. Den Topf vom Herd nehmen und ein paar Minuten stehen lassen, dann den Zitronensaft unterrühren. Am besten ist es, den Zitronensaft erst vor dem Servieren zuzugeben. Wenn ihr also einen Teil des Dals für später aufhebt, solltet ihr zunächst nur die halbe Menge Zitronensaft verwenden und den Rest beim nächsten Mal hinzufügen. (Das Gericht hält sich ausgezeichnet bis zu 5 Tagen im Kühlschrank und lässt sich auch sehr gut einfrieren.)

4. Rote-Linsen-Dal auf Schalen verteilen und nach Belieben mit Korianderblättchen bestreut servieren.

Für 4 Personen
Fertig in 30 Minuten

Mit diesem Rezept lässt sich im Handumdrehen reichlich Geschmack auf den Tisch bringen. Ein Glas Röstpaprika sowie Thymian, Rucola und Harissa machen aus wenigen einfachen Zutaten eine wunderbar aromatische Mahlzeit.

PAPRIKA-ORZO-OFENGEMÜSE

2 Auberginen,
klein gewürfelt (1 cm)
2 Zucchini,
klein gewürfelt (1 cm)
4 Knoblauchzehen, geschält,
gerieben oder fein gehackt
1 TL Thymian,
getrocknet oder frisch
2 EL Olivenöl,
plus etwas zum Anrichten
300 g Orzo-Nudeln
2 EL Harissapaste
400 g Kirschtomaten (Dose)
400 g Limabohnen (Dose),
abgegossen
300–400 g Röstpaprika
in Öl (Glas), abgegossen,
gewürfelt, plus 2 EL
Öl aus dem Glas
zum Anrichten
100 g Rucola
Meersalz und
schwarzer Pfeffer

1. Den Backofen auf 200 °C (Umluft) vorheizen. Auberginen, Zucchini, Knoblauch, Thymian und Olivenöl auf ein hohes Backblech geben. Mit einer großen Prise Salz würzen, alles gut vermischen und 10 Minuten rösten.

2. Das Blech aus dem Ofen nehmen und Orzo-Nudeln, Harissapaste, Tomaten, Limabohnen und Röstpaprika hinzufügen. Die leere Tomatendose mit Wasser füllen und dazugießen. Mit einer großen Prise Salz und reichlich schwarzem Pfeffer würzen, alles vermischen und die Oberfläche glatt streichen. Es ist wichtig, die Pasta ausreichend zu würzen, damit sich das Aroma maximal entfalten kann.

3. Das Blech noch einmal 18 bis 20 Minuten in den Ofen schieben, bis die Orzo-Nudeln gar, jedoch noch al dente sind – sie nehmen beim Abkühlen noch Flüssigkeit auf und quellen weiter.

4. Die Orzo-Mischung auf Teller verteilen, mit einer Handvoll Rucola bestreuen und mit etwas Olivenöl aus dem Paprikaglas beträufeln.

TIPP

Für Kinder am besten Basilikumpesto anstelle von Harissapaste nehmen.

Für 4 Personen
Fertig in 30 Minuten

Diese Geschmackskombination ist einfach fantastisch: Erdnussbutter, Limette, Chili, Ingwer und Knoblauch, gekocht mit Kokosmilch, Schalotten und Blumenkohl. Der Eintopf ist herrlich cremig und dadurch ein besonderer Genuss – ein richtiges Wohlfühlessen. Eine kleine Extraportion Ingwer und Chili zum Schluss sorgt für zusätzlichen Biss und etwas mehr Schärfe, wenn man es mag, das ist jedoch kein Muss.

BLUMENKOHL-ERDNUSS-EINTOPF

200g Reis (z.B. Vollkorn-Basmatireis), gespült
2 EL Olivenöl
2 Schalotten, geschält, fein geschnitten
4 Knoblauchzehen, geschält, fein gehackt oder zerdrückt
30g Ingwer, geschält, fein gehackt oder geraspelt (optional ein paar dünne Streifen zum Anrichten)
2–3 rote Fingerchilischoten, fein geschnitten
2 TL Currypulver
1 großer Blumenkohl, in kleine Röschen zerteilt
400ml Kokosmilch (Dose)
3 gehäufte EL Erdnussbutter, crunchy
1 Würfel Gemüsebrühe
1 Limette (Saft)
Meersalz und schwarzer Pfeffer

»Reste von diesem Eintopf könnt ihr zusammen mit Pitabrot als Mittagessen genießen oder in eine Ofenkartoffel gefüllt als leckeres Abendessen.«

1. In einem kleinen Topf den Reis mit 500ml Wasser und einer großen Prise Salz zum Kochen bringen, dann die Hitze reduzieren, Deckel aufsetzen und 20 bis 25 Minuten garen, bis das Wasser vollständig eingekocht ist. Vor dem Servieren ein paar Minuten ziehen lassen.

2. Währenddessen in einem großen Wok oder einer Sauteuse das Olivenöl bei geringer bis mittlerer Hitze erwärmen. Schalotten, Knoblauch, Ingwer und Chilistücke mit einer Prise Salz darin 10 Minuten anbraten, bis alles weich ist und aromatisch duftet.

3. Nun das Currypulver hinzufügen und 1 Minute mitbraten, bis es duftet, dann den Blumenkohl dazugeben.

4. Kokosmilch, Erdnussbutter sowie eine Prise Salz dazugeben und den Brühwürfel hineinkrümeln. Alles zum Köcheln bringen, dann den Deckel aufsetzen und den Blumenkohl 10 Minuten garen. Er sollte weich sein, jedoch noch etwas Biss haben.

5. Den Limettensaft unterrühren und alles nach Belieben abschmecken. Den Eintopf auf Schalen verteilen, mit den Ingwerstreifen (optional) bestreuen und mit dem Reis servieren.

TIPP
Die Farbe des Gerichts hängt davon ab, welche Sorte Erdnussbutter ihr verwendet. Erdnussbutter aus stark gerösteten Erdnüssen färbt das Gericht dunkler.

Für 4 Personen
Fertig in 30 Minuten

Größere Mengen vorzukochen hat sich bei mir sehr bewährt. So kann ich in stressigen Wochen meine Familie jederzeit mit gesunden Gerichten versorgen. Ich weiß gar nicht, was ich ohne meine vorbereiteten Mahlzeiten aus dem Tiefkühlfach tun sollte. Dieses Rezept ist die Grundlage für meine Pastasoßen, die ich meist mit Tofu und weißen Bohnen abrunde. Auf diese Weise muss man nur noch eine Tüte Nudeln kochen, schon kann man ein nahrhaftes und gesundes Abendessen servieren.

MEDITERRANE TOMATEN-BOHNEN-SOSSE

3 Paprikaschoten (rote und gelbe), in feine Scheiben geschnitten
3 Zucchini, in feine Scheiben geschnitten
2 EL Olivenöl
2 Zwiebeln, geschält, gewürfelt
8 Knoblauchzehen, geschält, zerdrückt oder fein gehackt
500 g Tomaten (Glas), passiert
400 g Cannellini-Bohnen (Dose), abgegossen, gespült
1 Würfel Gemüsebrühe
300 g Seidentofu
1 ½ TL Ahornsirup
1 TL Vollkornreis-Misopaste
Meersalz und schwarzer Pfeffer
150 g Pasta oder Getreide zum Anrichten

1. Den Backofen auf 200 °C (Umluft) vorheizen. Paprika- und Zucchinischeiben mit 1 EL Olivenöl auf ein großes Backblech geben (falls das Blech zu klein ist, um das Gemüse in einer Lage darauf zu verteilen, einfach zwei Bleche verwenden). Großzügig mit Salz und Pfeffer würzen und alles gut vermischen. Das Gemüse 20 bis 25 Minuten rösten, bis es goldbraun ist, nach der Hälfte der Zeit durchrühren.

2. Für die Soße den zweiten EL Olivenöl in einem Topf bei mittlerer Hitze erwärmen. Die Zwiebeln darin 10 Minuten weich und glasig dünsten, in den letzten Minuten den Knoblauch hinzufügen.

3. Nun die passierten Tomaten, die Cannellini-Bohnen, den Brühwürfel und eine Prise Salz dazugeben. Das leere Tomatenglas mit Wasser füllen (ca. 400 ml) und ebenfalls hinzugießen. Alles zum Kochen bringen, dann die Hitze reduzieren und 10 Minuten köcheln lassen, bis die Flüssigkeit um ein Drittel eingekocht ist. Jetzt in einem separaten Topf mit Salzwasser die Pasta oder das Getreide nach Packungsanweisung kochen.

4. Tofu, Ahornsirup und Misopaste zur Tomatensoße geben, dann alles mit dem Pürierstab zu einer glatten Soße mixen und abschmecken.

5. Zum Schluss das Ofengemüse dazugeben, die Pasta oder das Getreide unterheben und servieren.

»Wenn meine Kinder schlecht gelaunt und mäkelig sind, schneide ich das Gemüse entweder sehr klein oder püriere oder stampfe es (mit einem Kartoffelstampfer) und gebe es dann in die Soße. Auf diese Weise bekommen sie trotzdem genügend Nährstoffe, ohne etwas vom Gemüse zu merken!«

Für 4 Personen (ergibt 10 Puffer)
Fertig in 25 Minuten

Diese Puffer kommen bei meiner Familie immer gut an. Häufig verdopple ich das Rezept, um genügend Vorrat für die Lunchboxen zu haben (mit nussfreiem Pesto!), oder wir genießen sie mittags als Beilage zu einem einfachen Salat. Anstelle von Basilikumpesto könnt ihr auch Harissapaste oder Tomatenpesto verwenden, um für Abwechslung zu sorgen.

QUINOA-PESTO-PUFFER

2 EL Leinsamen, gemahlen
3 EL Olivenöl
1 Zwiebel, geschält, fein gehackt
1 Knoblauchzehe, geschält, zerdrückt
4 gehäufte EL Basilikumpesto
2 EL Nährhefe (optional)
250 g Quinoa, vorgekocht (siehe Tipp unten; 100 g roh)
70 g Mehl
Meersalz und schwarzer Pfeffer
1 Bio-Zitrone, in Spalten geschnitten, zum Anrichten

TIPP
Ich finde die Zubereitung mit fertig vorgegarter Quinoa aus der Tüte sehr praktisch. Falls ihr die Quinoa selbst kocht, achtet darauf, dass sie vollständig abgekühlt ist und keine Flüssigkeit mehr enthält, bevor ihr die Puffer formt, da sie ansonsten zu feucht sind. Die Puffer gelingen zwar trotzdem, werden aber nicht so schön knusprig.

1. Falls keine vorgekochte Quinoa verwendet wird, zunächst die Quinoa nach Packungsanweisung in einem Topf mit Salzwasser kochen und genügend Zeit zum Abkühlen einplanen, denn wenn die Quinoa noch zu heiß und feucht ist, könnten die Puffer zerfallen.

2. In einer kleinen Schüssel die gemahlenen Leinsamen mit 50 ml Wasser verrühren. Zum Quellen etwa 10 Minuten beiseitestellen. Die Masse dient als Bindemittel für die Puffer.

3. Während die Leinsamen quellen, in einer großen beschichteten Pfanne 1 EL Olivenöl bei mittlerer Hitze erwärmen. Die Zwiebeln darin 5 Minuten unter häufigem Rühren andünsten. Den Knoblauch hinzufügen und alles 1 Minute weiterdünsten. Vom Herd nehmen und zum Abkühlen beiseitestellen.

4. Die gegarte Quinoa, das Pesto und die Nährhefe mit dem Mehl in eine große Schüssel geben und großzügig mit Salz und Pfeffer würzen. Dann die Zwiebelmischung und die gequollenen Leinsamen unterrühren. Die Masse gleichmäßig in 10 Portionen teilen und daraus Puffer mit ungefähr 35 g pro Stück formen.

5. In derselben Pfanne das restliche Olivenöl bei mittlerer Hitze erwärmen. Etwa die Hälfte der Puffer darin von jeder Seite 3 bis 4 Minuten goldbraun und knusprig braten. Achtung: Nicht zu viele auf einmal braten, da sie sonst nicht bräunen! Mit den restlichen Puffern genauso verfahren und zuvor jedes Mal 1 EL Öl in die Pfanne geben. Aus der Pfanne nehmen und mit den Zitronenspalten servieren.

»Sind die Puffer vollständig abgekühlt, könnt ihr sie in einem luftdichten Behälter im Kühlschrank bis zu 5 Tage aufbewahren.«

Für 4 Personen
Fertig in 20 Minuten

Auf der Suche nach Möglichkeiten, meine Mahlzeiten mit noch mehr Grünzeug anzureichern, habe ich dieses Gericht entwickelt, bei dem sowohl für die Soße als auch für die Brühe Spinat verwendet wird. Ihr könnt diesen köstlichen Eintopf als leichtes Abendessen genießen, er lässt sich aber auch mit Vollkornreis oder einer anderen Getreidebeilage, geröstetem Sauerteigbrot, einer Ofenkartoffel oder Grillgemüse aus der Pfanne oder dem Backofen servieren.

LAUCH-BOHNEN-SPINAT-BOWL

1 EL Olivenöl
2 Schalotten, geschält, fein geschnitten
2 Stangen Lauch, in Ringe (1 cm) geschnitten
4 Knoblauchzehen, geschält, fein gehackt
1 Würfel Gemüsebrühe
800 g Limabohnen (Dose)
200 g Blattspinat, grob gehackt
1 Bio-Zitrone (Saft und abgeriebene Schale)
Meersalz und schwarzer Pfeffer

FÜR DIE SPINATSOSSE
100 ml Haferdrink
½ TL Vollkornreis-Misopaste
2 EL Nährhefe
50 g Babyspinat

1. In einem Topf mit schwerem Boden das Olivenöl bei mittlerer Hitze erwärmen. Schalotten und Lauch mit einer Prise Salz 8 bis 10 Minuten unter gelegentlichem Rühren darin anbraten. Den Knoblauch hinzufügen und 2 Minuten weiterbraten, bis alles goldbraun ist und duftet.

2. Nun den Brühwürfel und die Limabohnen samt Flüssigkeit aus beiden Dosen dazugeben. Alles zum Kochen bringen, dann den Deckel aufsetzen und die Bohnen 10 Minuten köcheln und eindicken lassen.

3. Währenddessen für die Spinatsoße den Haferdrink, die Misopaste, die Nährhefe und den Babyspinat in einen Mixer geben und zu einer glatten Soße pürieren.

4. Die Spinatsoße unter die gegarten Bohnen rühren und den gehackten Blattspinat dazugeben, bis er zusammenfällt. Den Zitronensaft hinzufügen und alles mit Salz und Pfeffer abschmecken. Vor dem Servieren mit abgeriebener Zitronenschale bestreuen.

»Wenn ihr frischen Thymian habt, verwendet ihn unbedingt für dieses Gericht. Dazu einfach am Anfang eine kleine Handvoll abgezupfte Blättchen mit zum Knoblauch geben.«

REGISTER

Anmerkung:
Fett gedruckte Seitenzahlen verweisen auf Fotos.

DANKSAGUNG

Jeden Tag empfinde ich aufs Neue Dankbarkeit für »Deliciously Ella«, für meine Aufgaben in der Firma, für unsere Community und für das Glück, mich nun schon seit mehr als einem Jahrzehnt mit dem zu beschäftigen, was mir so am Herzen liegt. Mir ist sehr bewusst, wie privilegiert ich bin, beruflich meinen Traum verfolgen zu können und zu erleben, wie er (inklusive einiger Rückschläge) immer mehr Gestalt annimmt.

Auch wenn ich heute weitaus mehr Erfahrung habe als beim Schreiben meines ersten Buches 2014, empfinde ich diesen kreativen Prozess jedes Mal als eine noch größere Herausforderung, da ich immer etwas Neues und vor allem Inspirierendes erschaffen möchte. Die unterschiedlichsten Anforderungen, die das Schreiben, das Rezepte-Testen, meine Mutterrolle und die täglichen Aufgaben im Unternehmen an mich stellen, setzen mich gehörig unter Zeitdruck. Doch all meine Ideen könnten ohne unser Team von »Deliciously Ella« und ohne das fantastische Kreativteam, das »Healthy Made Simple« gestaltet hat, niemals zu einer runden Sache werden. Fast unmöglich ist es daher, angemessen dafür zu danken und deutlich zu machen, wie wichtig jede einzelne beteiligte Person bei diesem Prozess ist. Mein Name steht zwar auf dem Cover des Buches, aber es ist alles andere als eine Einzelleistung.

Allen voran danke ich Liberty und Jo, die sich beim sorgfältigen Testen der Rezepte selbst übertroffen haben und deren Leistung es ist, dass alles genauso ist, wie es sein sollte – ihre Kreativität bildet das Fundament dieses Buches. Außerdem danke ich Claudie, die jede Seite so wundervoll gestaltet und unsere Vision umgesetzt hat. Mein Dank gilt zudem der besten Lektorin Imogen, die dieses Buch und die vorigen drei Bücher auch als Ratgeberin und Unterstützerin so wunderbar zusammengefügt hat.

Dankbar bin ich auch Clare für die wunderschönen Fotos, Sophia für das unkomplizierte Coverbild-Shooting, Tamara und Charlotte für das fantastische Food-Styling sowie Hannah für die perfekten Requisiten. Die Shootings waren einfach großartig, und ich bin wirklich überglücklich – dies ist mein bisher liebstes Buch.

Darüber hinaus danke ich Oli und dem gesamten Verlagsteam von Hodder und Yellow Kite für ihre stetige Unterstützung und ihr Augenmerk darauf, das Buch optimal umzusetzen und bei der Veröffentlichung alle Möglichkeiten auszuschöpfen. Besonders dankbar bin ich auch Cathryn für ihren unermüdlichen Beistand: Sieben Bücher später sind wir nach wie vor ein starkes Team!

Und nicht zuletzt danke ich von Herzen meiner Familie, dem Mittelpunkt meines Lebens: Matthew, Skye und May. All das wäre nichts ohne euch.

ÜBER ELLA

Ella Mills ist die Gründerin von »Deliciously Ella«, einer pflanzenbasierten Ernährungs- und Wellness-Plattform, auf der man unkomplizierte Tipps für ein gesünderes Leben findet. Sie ist zudem preisgekrönte Autorin und Verfechterin einer gesunden Lebensweise.

Aufgrund ihrer Erkrankung im Jahr 2011 wandte sich Ella der Zubereitung von köstlichen natürlichen, pflanzenbasierten Gerichten zu und startete die populäre Website deliciouslyella.com. Um anderen zu helfen, diese Art des Kochens kennenzulernen, rief sie im Jahr darauf eine Reihe von Kochkursen und sogenannter Supper-Clubs ins Leben. Während ihre Website immer bekannter wurde, brachte Ella eine Rezepte-App auf den Markt, bevor sie dann Anfang 2015 ihr erstes Kochbuch veröffentlichte, das sich in Großbritannien im Rekordtempo verkaufte. Ihr Kochbuch-Debüt entwickelte sich nicht nur zum Bestseller Nummer eins der *Sunday Times*, sondern auch zum *New York Times*-Bestseller und wurde bisher in 30 Sprachen übersetzt. Seither hat Ella sechs weitere erfolgreiche Bücher veröffentlicht, die sich allein in Großbritannien 1,5 Millionen Mal verkauften. Zudem erreicht Ella in den sozialen Netzwerken inzwischen ein Publikum von mehr als vier Millionen Menschen.

Kurz nach Erscheinen ihres ersten Buches begann Ella Mills mit ihrem Ehemann Matthew zusammenzuarbeiten – sie als Markenchefin und er als CEO des gemeinsamen Unternehmens. Die Firma, deren Team mittlerweile auf 60 Mitarbeitende angewachsen ist, hat ihren Sitz in der Londoner Innenstadt. Gemeinsam hat das Ehepaar Mills ebenfalls in London das Restaurant »Plants« eröffnet, in dem die pflanzenbasierte Küche in ihrer ganzen Vielfalt serviert wird.

Darüber hinaus haben die beiden sehr erfolgreich eine eigene Produktlinie für pflanzenbasierte Lebensmittel entwickelt, die Riegel, Getreideprodukte, Tiefkühlgerichte, vegetarische Burger, Pastasoßen und Suppen umfasst. Die Marke wird in mehr als 10 000 Geschäften in ganz Großbritannien angeboten und dort von mehr als einer Million Haushalten gekauft. Seit Kurzem ist sie auch in Irland, Österreich, der Schweiz und den Niederlanden erhältlich.

Ella und Matthew betreiben auf ihrer Website deliciouslyella.com außerdem ein Mitgliederforum, in dem mehr als 1000 Rezepte, Wellnesskurse und dauerhafte Rabatte für ihre Produkte verfügbar sind.

Ella lebt mit Matthew, den Töchtern Skye und May sowie Hund Austin in London.

Im Berlin Verlag erschienen von Ella Woodward/Mills:

Deliciously Ella. Genial gesundes Essen für ein glückliches Leben
Deliciously Ella. Für jeden Tag
Deliciously Ella mit Freunden. Gesunde Rezepte zum gemeinsamen Genießen
Deliciously Ella. Smoothies & Säfte
Deliciously Ella. The Plant-Based Cookbook
Quick & Easy. Köstliches auf Pflanzenbasis
How to go plant-based. Der definitive Guide für dich und deine Familie

2. Auflage 2024

Die Originalausgabe erschien 2024 unter dem Titel
Healthy made Simple. Delicious, Plant-Based Recipes. Ready in 30 Minutes or Less bei Yellow Kite,
einem Imprint von Hodder & Stoughton, Hachette UK.

Lektorat: Julei M. Habisreutinger, München
Einbandgestaltung: zero-media.net, München, unter Verwendung der Originalgestaltung von »Deliciously Ella« und einem Foto von Sophia Spring
Satz: Tobias Wantzen, Bremen
Druck und Bindung: Pustet, Regensburg
Printed in Germany

ISBN 978-3-8270-1510-5

www.berlinverlag.de